Die Neuordnung des Rechts in den Ostgebieten

Sammlung der Reichsgesetze,
der Verordnungen der Militärbefehlshaber, der Reichsstatthalter Danzig-Westpreußen und Wartheland, der Anordnungen der Haupttreuhandstelle Ost mit kurzen Anmerkungen

herausgegeben und bearbeitet
von

Dr. Theodor Rohlfing und **Rudolf Schraut**

Dr. Theodor Rohlfing: Amtsgerichtsdirektor, Ord. Mitglied des Deutschen Handwerkinstituts und Mitglied des Ausschusses für Arbeitsrecht der Akademie für Deutsches Recht

Rudolf Schraut: Oberregierungsrat a. D., Direktor beim Deutschen Sparkassen- und Giroverband, Mitglied der Akademie für Deutsches Recht

unter Mitwirkung von

Dr. Erich Münstermann
Regierungsrat

(Guttentagsche Sammlung
Deutscher Reichsgesetze Nr. 220)

Vierter Nachtrag

abgeschlossen 15. Mai 1942

1942
Walter de Gruyter & Co., Berlin W 35

Inhaltsübersicht.

Erster Teil.
Allgemeiner Aufbau der Verwaltung in den Ostgebieten.

1. Abschnitt.
Allgemeine Grundgesetze und Verwaltungsaufbau.

Verordnung über die Einführung der Ausländerpolizeiverordnung und der Grenzzonenverordnung in den eingegliederten Ostgebieten.

Vom 23. März 1942 (RGBl. I S. 143).

Auf Grund des Gesetzes über das Paß-, das Ausländerpolizei- und das Meldewesen sowie über das Ausweiswesen vom 11. Mai 1937 (Reichsgesetzbl. I S. 589), des Gesetzes über die Sicherung der Reichsgrenze und über Vergeltungsmaßnahmen vom 9. März 1937 (Reichsgesetzbl. I S. 281) und der Verordnung über die Einführung dieser Gesetze in den eingegliederten Ostgebieten vom 12. März 1940 (Reichsgesetzbl. I S. 501) wird folgendes verordnet:

§ 1. In den eingegliederten Ostgebieten gelten

1. die Ausländerpolizeiverordnung vom 22. August 1938 (Reichsgesetzblatt I S. 1053),
2. die Verordnung über die Behandlung von Ausländern vom 5. September 1939 (Reichsgesetzbl. I S. 1667),
3. die Grenzzonenverordnung vom 2. September 1939 (Reichsgesetzblatt I S. 1578).

§ 2. Die Vorschriften der im § 1 genannten Verordnungen finden mit Ausnahme des § 3 der Grenzzonenverordnung in den eingegliederten Ostgebieten auf Schutzangehörige polnischen Volkstums keine Anwendung.

§ 3. Diese Verordnung tritt am 1. April 1942 in Kraft.

3. Abschnitt. Volkstumszugehörigkeit.

Zweite Verordnung über die Deutsche Volksliste und die deutsche Staatsangehörigkeit in den eingegliederten Ostgebieten.

Vom 31. Januar 1942 (RGBl. I S. 51).

Auf Grund des Erlasses des Führers und Reichskanzlers über Gliederung und Verwaltung der Ostgebiete vom 8. Oktober 1939 (Reichsgesetzbl. I

S. 2042) und des § 10 der Verordnung über die Deutsche Volksliste und die deutsche Staatsangehörigkeit in den eingegliederten Ostgebieten vom 4. März 1941 (Reichsgesetzbl. I S. 118) wird verordnet:[1])

Die Verordnung über die Deutsche Volksliste und die deutsche Staatsangehörigkeit in den eingegliederten Ostgebieten vom 4. März 1941 (Reichsgesetzbl. I S. 118) wird wie folgt geändert:

I.

§ 1 Abs. 4 erhält folgende Zusätze:

„d) die ehemaligen polnischen oder Danziger Staatsangehörigen, sofern sie ihren Wohnsitz vor dem 1. Januar 1937 außerhalb der eingegliederten Ostgebiete (einschließlich der ehemaligen Freien Stadt Danzig) im Altreich oder in einem vor dem 1. September 1939 mit dem Deutschen Reich wiedervereinigten Gebiete (Ostmark, Sudetenland, Memelland) oder im Gebiete des heutigen Protektorats Böhmen und Mähren hatten und ihn danach nicht in die eingegliederten Ostgebiete oder in das Ausland verlegt haben,

e) die Umsiedler."

II.

§ 4 erhält folgende Fassung:

„§ 4. (1) Die ehemaligen Danziger Staatsangehörigen erwerben ohne Aufnahme in die Deutsche Volksliste mit Wirkung vom 1. September 1939 die deutsche Staatsangehörigkeit, sofern nicht die beim Regierungspräsidenten in Danzig eingerichtete Bezirksstelle der Deutschen Volksliste oder in den Fällen des § 1 Abs. 4 Buchst. d die für die Ausfertigung von Einbürgerungsurkunden zuständigen Behörden bis zum 30. September 1942 feststellen, daß sie die Voraussetzungen für die Aufnahme in die Abteilungen 1 oder 2 der Deutschen Volksliste nicht erfüllen.

(2) Juden, Zigeuner sowie jüdische Mischlinge erfüllen diese Voraussetzungen nicht, ohne daß es einer besonderen Feststellung bedarf. Die im Abs. 1 genannten Stellen können bei jüdischen Mischlingen Ausnahmen zulassen."

III.

§ 5 der Verordnung erhält folgende Fassung:

„§ 5. (1) Die ehemaligen polnischen oder Danziger Staatsangehörigen, die in die Abteilung 3 der Deutschen Volksliste aufgenommen werden, erwerben durch die Aufnahme die deutsche Staatsangehörigkeit auf Widerruf. In den Fällen des § 1 Abs. 4 Buchst. d erwerben sie die Staatsangehörigkeit auf Widerruf mit dem gleichen

---

[1]) Vgl. 2. Nachtrag S. 7.

Zeitpunkt, wenn die für die Ausfertigung von Einbürgerungsurkunden zuständigen Behörden feststellen, daß sie die Voraussetzungen für die Aufnahme in die Abteilung 3 der Deutschen Volksliste erfüllen.

(2) Der Erwerb der deutschen Staatsangehörigkeit kann nur binnen zehn Jahren widerrufen werden. Auf die Geltendmachung des Widerrufs kann bei voller Bewährung bereits vorher verzichtet werden. Den Widerruf oder den Verzicht auf seine Geltendmachung sprechen der Reichsminister des Innern im Einvernehmen mit dem Reichsführer ᛋᛋ, Reichskommissar für die Festigung deutschen Volkstums, oder die von ihnen bestimmten Stellen aus. Im Falle des Widerrufs geht die deutsche Staatsangehörigkeit mit der Zustellung oder öffentlichen Bekanntmachung der Widerrufsverfügung verloren. Wird auf die Geltendmachung des Widerrufs verzichtet, so tritt der endgültige Erwerb der deutschen Staatsangehörigkeit mit der Bekanntgabe der Verzichtverfügung ein."

IV.

§ 7 erhält folgenden Abs. 2:

„(2) Juden (§ 5 der Ersten Verordnung zum Reichsbürgergesetz vom 14. November 1935 — Reichsgesetzbl. I S. 1333) und Zigeuner können nicht Schutzangehörige sein."

Zweiter Teil.
Aufbau der Rechtspflege.

2. Abschnitt. Auf dem Gebiet des Strafrechts.

1. Verordnung zur Ergänzung der Verordnung über die Strafrechtspflege gegen Polen und Juden in den eingegliederten Ostgebieten.

Vom 31. Januar 1942 (RGBl. I S. 52).

Auf Grund von Ziffer XVII der Verordnung über die Strafrechtspflege gegen Polen und Juden in den eingegliederten Ostgebieten vom 4. Dezember 1941 (Reichsgesetzbl. I S. 759)[1]) wird verordnet:

Artikel I.

Die Ziffern I bis III der Verordnung vom 4. Dezember 1941 (Reichsgesetzbl. I S. 759) können mit Zustimmung des Staatsanwalts auch auf Taten angewendet werden, die vor dem Inkrafttreten der Verordnung begangen sind.

---

[1]) s. 3. Nachtrag S. 113.

Artikel II.

(1) Das Gericht kann in jedem Fall anordnen, daß Polen und Juden als Zeugen durch einen beauftragten oder ersuchten Richter vernommen werden; § 251 Abs. 2 der Reichsstrafprozeßordnung und § 252 Abs. 3 der österreichischen Strafprozeßordnung bleiben unberührt.

(2) Die Vorschrift gilt auch für Polen und Juden, die am 1. September 1939 im Gebiete des ehemaligen polnischen Staates ihren Wohnsitz oder Aufenthalt hatten und in einem anderen Gebiet des Deutschen Reichs als Zeugen vernommen werden.

2. Verordnung zur Einführung des preußischen Forstdiebstahlgesetzes und des preußischen Feld- und Forstpolizeigesetzes in den eingegliederten Ostgebieten.

Vom 18. März 1942 (RGBl. I S. 142).

Auf Grund des Erlasses des Führers und Reichskanzlers über Gliederung und Verwaltung der Ostgebiete vom 8. Oktober 1939 (Reichsgesetzbl. I S. 2042) wird verordnet:

§ 1. (1) In den eingegliederten Ostgebieten gelten das preußische Forstdiebstahlgesetz vom 15. April 1878 (Preuß. Gesetzsamml. S. 222) und das preußische Feld- und Forstpolizeigesetz vom 1. April 1880 (Preuß. Gesetzsamml. S. 230) in der Fassung der Bekanntmachung vom 21. Januar 1926 (Preuß. Gesetzsamml. S. 83) und der Gesetze vom 1. Juni 1931 (Preuß. Gesetzsamml. S. 77) und vom 29. Juni 1933 (Preuß. Gesetzsamml. S. 251).

(2) Sie sind auch auf Straftaten anwendbar, die vor dem Inkrafttreten dieser Verordnung in diesen Gebieten begangen sind.

§ 2. Entscheidungen und Anordnungen der Gerichte und Strafverfolgungsbehörden, die seit dem 1. September 1939 in den eingegliederten Ostgebieten auf Grund dieser Gesetze getroffen worden sind, sind rechtsgültig, wenn sie den Vorschriften dieser Gesetze unmittelbar oder sinngemäß entsprechen.

3. Abschnitt. Auf dem Gebiet des bürgerlichen Rechts.

1. Verordnung zur Ergänzung des Gesetzes über eine Bereinigung alter Schulden.

Vom 19. Dezember 1941 (RGBl. I S. 798).

Auf Grund des § 28 des Gesetzes über eine Bereinigung alter Schulden in der Fassung vom 3. September 1940 (Reichsgesetzbl. I S. 1209) wird im Einvernehmen mit den beteiligten Reichsministern verordnet:

Das Gesetz über eine Bereinigung alter Schulden wird durch folgende Vorschrift ergänzt:

„§ 4a. **Schuldennot bei Umsiedlern.**

(1) Umsiedler, die in Schuldennot geraten sind, können die Vertragshilfe des Richters in Anspruch nehmen, um eine Bereinigung derjenigen Geldschulden zu erlangen, die vor der Umsiedlung entstanden sind. Schulden, die nach dem 31. Dezember 1941 entstanden sind, sollen in der Regel nicht erlassen werden.

(2) Umsiedler im Sinne des Abs. 1 sind solche deutschen Staatsangehörigen und Volksdeutsche, die im Rahmen einer zwischenstaatlichen Umsiedlungsvereinbarung oder einer Anordnung des Reichskommissars für die Festigung deutschen Volkstums ihren Wohnsitz in das Reichsgebiet verlegt haben, ferner solche Personen, die der Reichskommissar für die Festigung deutschen Volkstums den Umsiedlern gleichstellt.

(3) Volksdeutsche können die Vertragshilfe des Richters erst in Anspruch nehmen, wenn sie die deutsche Staatsangehörigkeit erworben haben.

(4) Die Abs. 1 bis 3 sind nicht anzuwenden auf solche Schuldner, die aus den im § 4 Abs. 1 aufgeführten Gebieten oder aus den eingegliederten Ostgebieten in das Deutsche Reich abgewandert sind."

2. Grundstücksvermessung und Grundbuchanlegung in den früher russischen Teilen der eingegliederten Ostgebiete.

AV. d. RJM. vom 23. April 1942 (3850—IV. b² 460),
Deutsche Justiz S. 295.

Die Anlegung des Grundbuchs in den früher russischen Teilen der eingegliederten Ostgebiete gemäß der AV. vom 1. Oktober 1940[1]) — Dt. Just. S. 1143 — in Verbindung mit der AV. vom 24. November 1941 — Dt. Just. S. 1091 — ist vielfach dadurch verzögert worden, daß die Beschaffung der Vermessungsunterlagen zu lange Zeit in Anspruch nahm. Dies hatte vor allem darin seinen Grund, daß die Vermessungsbehörden bei dem Verfahren zu III des Erlasses des Reichsministers des Innern vom 21. September 1940 dazu neigten, hinsichtlich der Vermarkung zu weitgehende Anforderungen zu stellen. Der Reichsminister des Innern hat deshalb in dem nachfolgend abgedruckten Erlaß vom 13. März 1942 seine früheren Anordnungen näher erläutert.

......

Ein Sonderfall gibt mir Veranlassung, meinen Runderlaß vom 21. September 1940 — VIa 9033/40—6964e —, betreffend die Auf-

---

1) vgl. 1. Nachtrag S. 7.

stellung neuer Liegenschaftskataster in den eingegliederten Ostgebieten, hinsichtlich seiner praktischen Durchführung näher zu erläutern. Damit die Grundbuchanlegung für das einzelne Grundstück in möglichst kurzer Zeit zum Abschluß gebracht werden kann, haben die Katasterämter die für die Grundbuchanlegung erforderlichen vermessungstechnischen Unterlagen beschleunigt herzustellen. Im Hinblick auf die große Zahl der zu erwartenden Anträge und den Mangel an Personal wird je nach den vorhandenen Ausgangsunterlagen und der zur Verfügung stehenden Zeit hierbei verschieden zu verfahren sein. Im einzelnen sind nachstehende Fälle zu unterscheiden:

1. a) Das Grundstück ist im Liegenschaftskataster bereits nachgewiesen.

In diesem Falle bestehen bei der Erteilung des beglaubigten Auszugs aus dem Liegenschaftskataster und der beglaubigten Abzeichnung der Flurkarte keine Schwierigkeiten. Von örtlichen Ermittlungen ist abzusehen.

b) Das Grundstück bildet einen Teil eines im Liegenschaftskataster bereits nachgewiesenen Grundstücks.

Grenzvermarkung und Vermessung sind im allgemeinen nach dem bisher üblichen Verfahren auszuführen, jedoch bedarf es bei Grenzen, die durch künstliche oder natürliche Einfriedungen oder Hindernisse, wie Mauern, Hecken, Zäune, Wälle, Wasserläufe u. a. (Einfriedungsgrenzen), für jeden erkennbar bezeichnet sind, einer Vermarkung nicht. In erweiterter Anwendung der Bestimmungen in Nr. 92 der Preuß. Anweisung II für das Verfahren bei den Fortschreibungsmessungen kann ferner auf umfangreiche und zeitraubende Arbeiten zur Prüfung und Feststellung der Umfangsgrenzen in der Regel verzichtet werden. Die neuen Grenzen sind dann lediglich so einzumessen, daß die Katasterkarte ergänzt werden kann. Je nach der Entstehung der Karte können dazu auch Tachymeter, Bussolen, Tachytops u. dgl. Verwendung finden. Der Text der Grenzverhandlung ist auf das unbedingt notwendige Maß zu beschränken (Ziffer 46 Fortf. Erl.).

Zu 1a und b: Von der Wiederherstellung des verlorengegangenen Katasters (vgl. Abschn. I Satz 2 meines Runderlasses vom 21. September 1940) ist abzusehen, wenn die Grundbuchanlegung dringend ist. In diesem Falle ist nach 3. oder 4. dieses Erlasses zu verfahren.

2. Über das Grundstück liegt eine in das Liegenschaftskataster noch nicht übernommene Neumessung vor.

Die Neumessung ist in das Liegenschaftskataster zu übernehmen, nachdem ein Feldvergleich mit gleichzeitiger Gebäudeidentifizierung durchgeführt ist. Soweit die Grenzen des Grundstücks Einfriedigungsgrenzen sind oder durch Abmessungen von geeigneten Einfriedigungsgrenzen, z. B. von Gebäudeumrißlinien usw., herbeigeführt werden können, ist auf die Vermarkung zu verzichten. An die Stelle der Grenzverhandlung, die im Hinblick auf die Eigentumsverhältnisse in den Ostgebieten in der Regel nicht erforderlich ist, tritt eine kurze schriftliche Erklärung der Beteiligten, daß die im Riß oder Feldbuch dargestellten Grenzen anerkannt werden.

Wenn die zur Verfügung stehende Zeit es gestattet, ist das neue Liegenschaftskataster sogleich über eine größere Grundstücksmasse (Block) aufzustellen. In diesem Falle können abweichend von meiner allgemeinen Anordnung in Abschn. II Satz 5 meines Runderlasses vom 21. September 1940 Fluren im Rahmen einer einheitlichen Flureinteilung gebildet werden.

3. Über das Grundstück liegt eine sonstige brauchbare Karte vor.

Bei den Karten kann es sich um Separationskarten, Gutskarten, Wirtschaftskarten, den Hypothekenbüchern beigegebene Karten, Lagepläne, Luftbildpläne, großmaßstäbliche topographische Karten usw. handeln. Die Karten sind restlos für die Aufstellung des Katasters auszuwerten, nachdem ein Feldvergleich stattgefunden hat. Liegen über das betreffende Grundstück mehrere brauchbare Karten vor, so ist die wertvollere für die Aufstellung des Katasters zu verwenden. Etwa erforderliche Ergänzungsmessungen sind auf das geringstmögliche Maß zu beschränken. Für die Messung selbst gelten die Vorschriften unter 1b. Inzwischen eingetretene Veränderungen an Straßen, Kanälen, Grenzen von Nutzungsarten usw. können in gewissen Fällen auch aus den topographischen Karten übernommen werden. Für die Vermarkung und Grenzverhandlung sowie die Ausdehnung der Katasteraufstellung über eine größere Grundstücksmasse gilt das zu 2. Gesagte.

4. Über das Grundstück liegt eine brauchbare Karte nicht vor.

In diesem Falle sind die Grenzen des Grundstücks, das kurz allgemein zu beschreiben ist, in eine Vergrößerung 1 : 5000 der topographischen Karte größten Maßstabs einzuskizzieren. Eine Einmessung nach dem bisher üblichen Verfahren erfolgt im allgemeinen nicht; die Grenzen des Grundstücks werden auf einfachste Weise bestimmt. Auch der Wunsch nach einer dauerhaften Vermarkung wird in vielen Fällen im Interesse der beschleunigten Grundbuchanlegung zurückgestellt werden müssen. Die Vermarkung ist daher auf das unumgänglich notwendige Maß zu beschränken (vgl. Fall 2) und so einfach wie möglich vorzunehmen.

Allgemein.

Die Grundstücke, für die ein Grundbuchblatt anzulegen oder für die das Liegenschaftskataster aufzustellen ist, sind von der Katasterbehörde grundsätzlich zu numerieren. Dies gilt auch für bebaute Grundstücke. Von der Numerierung dieser Grundstücke ist nur dann abzusehen, wenn das Grundstück innerhalb einer eingeschlossenen Ortschaft liegt und eine brauchbare Karte nicht vorhanden ist. In diesem Falle ist das Grundstück als „Anteil an den ungetrennten Hofräumen“ ohne Messung nachzuweisen und das Gebäudeblatt aufzustellen (vgl. Abschn. III meines Runderlasses vom 21. September 1940). Werden die vermessungstechnischen Unterlagen für die Grundbuchanlegung von einer anderen Vermessungsdienststelle oder einem öffentlich bestellten Vermessungsingenieur hergestellt, so sind sie zunächst der Katasterbehörde zur Prüfung und Beglaubigung vorzulegen. Durch die Prüfung darf die Erteilung der Unterlagen nicht unangemessen verzögert werden.

Entgegenstehende Anordnungen treten außer Kraft.

4. Abschnitt.

Auf dem Gebiet der Freiwilligen Gerichtsbarkeit.

1. Verordnung über die Abwicklung von Grundstücksgeschäften in den eingegliederten Ostgebieten.

Vom 6. März 1942 (RGBl. I S. 102).

Auf Grund des Erlasses des Führers und Reichskanzlers über Gliederung und Verwaltung der Ostgebiete vom 8. Oktober 1939 (Reichsgesetzbl. I S. 2042) wird verordnet:

§ 1. Anwendungsbereich der Verordnung.

Hat ein deutscher Volkszugehöriger vor dem 1. September 1939 die tatsächliche Verfügungsmacht über ein in den eingegliederten Ostgebieten liegendes Grundstück, das einem anderen deutschen Volkszugehörigen gehört, auf Grund einer Vereinbarung erlangt, die ihm die Stellung eines Eigentümers verschaffen sollte, ist es jedoch wegen der besonderen Verhältnisse, die in den Ostgebieten vor ihrer Eingliederung bestanden, bisher nicht zum Eigentumsübergang gekommen, so können die Rechtsbeziehungen zwischen den Beteiligten, insbesondere der Eigentumsübergang, auf Grund dieser Verordnung durch richterliche Vertragshilfe geregelt werden.

§ 2. Antragstellung. Einleitung des Verfahrens von Amts wegen.

(1) Die richterliche Vertragshilfe kann jeder beantragen, der an der Vereinbarung beteiligt war, ferner der Rechtsnachfolger einer solchen Person. Hat der ursprünglich Beteiligte mehrere Erben hinterlassen, so hat jeder Miterbe das Antragsrecht.

(2) Der Antrag ist an das Amtsgericht zu richten, in dessen Bezirk das Grundstück liegt. Ist die Vereinbarung für mehrere Grundstücke, die in verschiedenen Bezirken liegen, gleichzeitig getroffen worden, so ist das zuerst angerufene Amtsgericht hinsichtlich aller Grundstücke zuständig.

(3) Das nach Abs. 2 zuständige Amtsgericht kann ein Vertragshilfeverfahren auch von Amts wegen einleiten, wenn die Ordnung der Rechtsverhältnisse im öffentlichen Interesse liegt.

(4) Ist der Grundstückserwerber auf Grund der Verordnung über die Deutsche Volksliste und die deutsche Staatsangehörigkeit in den eingegliederten Ostgebieten vom 4. März 1941 (Reichsgesetzbl. I S. 118) in die Abteilung 3 oder 4 der Deutschen Volksliste aufgenommen, so kann das Verfahren nicht auf Antrag eines der Beteiligten eingeleitet werden.

Ist über die Aufnahme des Grundstückserwerbers in die Deutsche Volksliste noch nicht endgültig entschieden, so gilt das gleiche, wenn die zuständige Dienststelle der Deutschen Volksliste erklärt, daß die Aufnahme in die Abteilung 3 oder 4 in Betracht kommt. Von Amts wegen soll das Gericht in den vorgenannten Fällen das Verfahren in der Regel nur dann einleiten, wenn die untere Verwaltungsbehörde (Landrat oder Oberbürgermeister) oder eine Dienststelle der Haupttreuhandstelle Ost oder des Reichsführers SS, Reichskommissars für die Festigung deutschen Volkstums, dies anregt.

§ 3. Aufgabe des Richters.

(1) Der Richter soll zunächst darauf hinwirken, daß sich die Beteiligten über die endgültige Ordnung ihrer Rechtsbeziehungen zueinander gütlich einigen.

(2) Gelingt dies nicht, so gestaltet der Richter die Rechtsbeziehungen der Beteiligten so, daß ein dem Sinn der ursprünglichen Vereinbarung entsprechendes, zweckmäßiges und gerechtes Ergebnis erzielt wird.

(3) Der Richter kann insbesondere

1. die Erklärungen der Beteiligten, die zum Eigentumsübergang notwendig sind, durch seinen Spruch ersetzen;
2. bei einer entgeltlichen Veräußerung die Gegenleistung festsetzen, die der Erwerber noch zu erbringen hat, und die Art und Weise ihrer Entrichtung regeln;
3. bestimmen, daß die Forderung auf die Gegenleistung dinglich zu sichern ist, und die Erklärungen der Beteiligten, die zur Bestellung des dinglichen Rechts notwendig sind, durch seinen Spruch ersetzen;
4. bestimmen, daß dingliche Belastungen des Grundstücks zu Gunsten des Erwerbers oder seines Rechtsvorgängers, die durch den Eigentumserwerb ihren Sinn verlieren, zu beseitigen sind, und die dazu erforderlichen Erklärungen der Beteiligten durch seinen Spruch ersetzen.

(4) Bei einem Grundstück, das zu einem landwirtschaftlichen Betrieb gehört, soll der Richter die Höhe der Gegenleistung und die Art und Weise ihrer Entrichtung so regeln, daß die Leistungen die Kräfte des Betriebs nicht übersteigen.

(5) Ausnahmsweise kann der Richter in besonderen Fällen auch bestimmen, daß das Eigentum an dem Grundstück dem Veräußerer verbleibt und die Folgen regeln, die sich für die Beteiligten hieraus ergeben. Dies soll jedoch nur geschehen, wenn es vom Standpunkt der Allgemeinheit aus erwünscht erscheint.

§ 4. Gerichtliches Verfahren.

(1) Für das Verfahren gilt, soweit diese Verordnung nichts anderes vorschreibt, das Reichsgesetz über die Angelegenheiten der freiwilligen Gerichtsbarkeit.

(2) Der Richter soll mit den Beteiligten in der Regel mündlich verhandeln. Er soll allen nach Namen und Wohnort bekannten Beteiligten Gelegenheit geben, sich zu äußern. Ist die Person oder der Wohnort eines Beteiligten unbekannt, so soll der Richter geeignete Ermittlungsmaßnahmen treffen, soweit dies nicht von vornherein aussichtslos oder untunlich erscheint. Der Richter soll, wenn dies zweckmäßig ist, anregen, daß für einen unbekannten oder abwesenden Beteiligten ein Pfleger auf Grund des § 1911 oder des § 1913 des Bürgerlichen Gesetzbuchs bestellt wird.

(3) Kommt eine gütliche Einigung zustande, so ist hierüber nach den für den Vergleich im bürgerlichen Rechtsstreit geltenden Vorschriften eine Niederschrift aufzunehmen.

(4) Der Richter kann bis zur endgültigen Entscheidung eine einstweilige Anordnung treffen.

(5) Die rechtsgestaltende Entscheidung des Richters wird mit der Rechtskraft wirksam. Sie ersetzt die entsprechenden Vereinbarungen der Beteiligten.

(6) Ist es im Einzelfall zweckmäßig, daß eine mit der Grundstücksveräußerung zusammenhängende Frage, die zwischen den Beteiligten streitig ist, im streitigen Verfahren entschieden wird, so kann der Richter die Beteiligten insoweit auf den ordentlichen Rechtsweg verweisen.

§ 5. Mitwirkung anderer Behörden.

(1) In dem Vertragshilfeverfahren soll das Amtsgericht die untere Verwaltungsbehörde und, wenn es sich um ein land- oder forstwirtschaftliches oder ein gärtnerisch genutztes Grundstück handelt, auch den Kreisbauernführer hören.

(2) Ist am Verfahren eine Person beteiligt, deren Vermögen nach der Verordnung über die Behandlung von Vermögen der Angehörigen des ehemaligen polnischen Staates vom 17. September 1940 (Reichsgesetzblatt I S. 1270)[1]) der Beschlagnahme unterliegt, so ist auch der örtlich zuständigen Treuhandstelle der Haupttreuhandstelle Ost und dem örtlich zuständigen Bodenamt des Reichsführers ϟϟ, Reichskommissars für die Festigung deutschen Volkstums, — je für den Bereich ihrer Zuständigkeit — Gelegenheit zur Äußerung zu geben. Die gerichtlichen Entscheidungen sind auch der Treuhandstelle und dem Bodenamt zuzustellen.

(3) Ein Eigentumsübergang, den der Richter auf Grund des § 3 anordnet oder den die Beteiligten in einem gemäß § 4 Abs. 3 vor dem Richter abgeschlossenen Vergleich vereinbaren, bedarf nicht der in anderen Vorschriften für Grundstücksveräußerungen vorgeschriebenen Genehmigung.

---

[1]) s. 1. Nachtrag S. 32.

§ 6. Beschwerde.

(1) Gegen die Entscheidungen des Amtsgerichts ist die sofortige Beschwerde an das Oberlandesgericht zulässig.

(2) Wegen einstweiliger Anordnungen auf Grund des § 4 Abs. 4 und wegen der Ablehnung solcher Anordnungen ist die Beschwerde ausgeschlossen.

§ 7. Kosten des Verfahrens.

(1) Für die Gerichtskosten gelten, soweit nichts anderes bestimmt ist, die Vorschriften der Kostenordnung vom 25. November 1935 (Reichsgesetzblatt I S. 1371).

(2) Für das gerichtliche Verfahren wird die Hälfte der vollen Gebühr nach dem Wert des Grundstücks erhoben. Hat der Richter eine gütliche Einigung vermittelt, so erhöht sich die Gebühr auf die volle Gebühr. Kommt es zur richterlichen Entscheidung, so erhöht sich die Gebühr auf das Doppelte der vollen Gebühr. Wird der Antrag zurückgenommen, bevor eine gerichtliche Verfügung getroffen ist, so wird keine Gebühr erhoben. Vorschüsse werden nicht erhoben.

(3) Für das Beschwerdeverfahren werden die gleichen Gebühren wie im ersten Rechtszug erhoben. Das Beschwerdegericht kann die Durchführung des Beschwerdeverfahrens von der Zahlung eines Kostenvorschusses abhängig machen.

(4) Die Kosten des Verfahrens des ersten Rechtszuges trägt grundsätzlich der Erwerber des Grundstücks. Die Kosten des Beschwerdeverfahrens trägt grundsätzlich der unterliegende Teil. Der Richter kann die Kosten ganz oder teilweise einem oder mehreren der anderen Beteiligten auferlegen, soweit dies der Billigkeit entspricht.

(5) Die Entscheidung über die Kostentragung (Abs. 4) kann nicht selbständig angefochten werden.

§ 8. Außergerichtliche Kosten.

(1) Außergerichtliche Kosten werden nicht erstattet.

(2) Die Gebühren der Rechtsanwälte bestimmen sich bis auf weiteres nach der preußischen Landesgebührenordnung für Rechtsanwälte.

(3) Der Rechtsanwalt kann eine Gebührenvereinbarung treffen. Diese ist jedoch nur gültig, wenn sie schriftlich getroffen ist.

§ 9. Zwangsvollstreckung.

(1) Aus einem vor dem Gericht abgeschlossenen Vergleich (§ 4 Abs. 3) findet die Zwangsvollstreckung nach den Vorschriften der Zivilprozeßordnung statt.

(2) Für die Leistungen, die einer der Beteiligten einem anderen Beteiligten zu erbringen hat, kann der Richter auf Antrag des Gläubigers die Pflicht des Schuldners zur Leistung, insbesondere zur Zahlung oder

zur Duldung der Zwangsvollstreckung, aussprechen. In diesem Fall findet aus der rechtskräftigen Entscheidung die Zwangsvollstreckung wie aus einem rechtskräftigen Urteil statt.

§ 10. Rechtsstreit.

(1) Ist wegen einer Grundstücksveräußerung oder einer damit zusammenhängenden Frage ein Rechtsstreit anhängig, so kann das Prozeßgericht das Verfahren aussetzen, um den Parteien Gelegenheit zu geben, die Ordnung der Rechtsverhältnisse nach dieser Verordnung herbeizuführen.

(2) Erledigt sich ein anhängiger Rechtsstreit durch diese Verordnung, so trägt jede Partei ihre außergerichtlichen Kosten und die Hälfte der gerichtlichen Auslagen. Die Gerichtsgebühren werden niedergeschlagen.

§ 11. Eintragung im Grundbuch.

Hat der Richter eine Regelung nach § 3 getroffen oder haben die Beteiligten sich über eine entsprechende Regelung vor dem Richter gütlich geeinigt (§ 4 Abs. 3), so kann der Richter das Grundbuchamt um Eintragung der Rechtsänderungen in das Grundbuch ersuchen. In Bezirken, in denen das Grundbuch noch nicht angelegt ist, kann das Grundbuchamt dem Ersuchen in der Weise entsprechen, daß es gemäß § 16 der Ersten Ost-Rechtspflege-Durchführungsverordnung vom 25. September 1941 (Reichsgesetzbl. I S. 599)[1]) die Urkundenhinterlegung anordnet.

§ 12. Durchführung und Ergänzung der Verordnung.

Der Reichsminister der Justiz erläßt die Vorschriften zur Durchführung und Ergänzung dieser Verordnung durch Rechtsverordnung oder im Verwaltungswege.

§ 13. Inkrafttreten.

Diese Verordnung tritt am siebenten Tage nach ihrer Verkündung in Kraft.

2. Verordnung über die Feststellung erloschener Rechte in den eingegliederten Ostgebieten (Feststellungsverordnung).

Vom 16. März 1942 (RGBl. I S. 121).

Unterliegt ein land- oder forstwirtschaftliches Grundstück oder ein land- oder forstwirtschaftlicher Betrieb in den eingegliederten Ostgebieten der Beschlagnahme, so sind nach § 43 der Schuldenabwicklungsverordnung

[1]) s. 3. Nachtrag S. 31.

vom 15. August 1941 (Reichsgesetzbl. I S. 516)[1]) alle Rechte, die das Grundstück belasten oder sich auf den Betrieb beziehen, mit dem Inkrafttreten jener Verordnung erloschen, und zwar gleichviel, ob es sich um Rechte handelt, die auf eine Geldleistung gerichtet sind (§ 1 Abs. 1 der Schuldenabwicklungsverordnung). Ist der Eigentümer des Grundstücks oder der Inhaber des Betriebs in die Abteilung 3 der Deutschen Volksliste eingetragen, so erlöschen die Rechte nur, wenn der Reichskommissar für die Festigung deutschen Volkstums dies gemäß § 4 der nachstehenden Verordnung im Einzelfall anordnet.

Soweit hiernach Rechte erloschen sind, haben die Berechtigten, die nicht Angehörige des ehemaligen polnischen Staates waren oder die in die Abteilungen 1, 2 oder 3 der Deutschen Volksliste aufgenommen sind, nach § 43 Abs. 3 der Schuldenabwicklungsverordnung einen Anspruch darauf, daß ihnen das Deutsche Reich den Wert des erloschenen Rechts ersetzt. Der Ersatzanspruch kann auch in der Weise abgegolten werden, daß das erloschene Recht wiederhergestellt wird.

Um die erforderlichen Voraussetzungen für die Abgeltung der Ersatzansprüche zu schaffen, wird auf Grund des § 43 Abs. 3 der Schuldenabwicklungsverordnung im Einvernehmen mit den beteiligten Reichsministern und dem Reichskommissar für die Festigung deutschen Volkstums folgendes verordnet:

§ 1. Anmeldefrist.

(1) Will ein Berechtigter, der nicht ehemaliger polnischer Staatsangehöriger ist oder der bis zum 31. Dezember 1942 in die Abteilung 1, 2 oder 3 der Deutschen Volksliste aufgenommen ist, für ein nach § 43 der Schuldenabwicklungsverordnung erloschenes Recht Ersatz verlangen, so muß er das erloschene Recht bis zum 31. März 1943 bei dem zuständigen Amtsgericht anmelden.

(2) Ist der Berechtigte ehemaliger Danziger Staatsangehöriger, so muß er das erloschene Recht bis zum 31. März 1943 anmelden, wenn er die deutsche Staatsangehörigkeit nach § 4 der Verordnung über die Deutsche Volksliste und die deutsche Staatsangehörigkeit in den eingegliederten Ostgebieten vom 4. März 1941 (Reichsgesetzbl. I S. 118) in der Fassung der Zweiten Verordnung vom 31. Januar 1942 (Reichsgesetzbl. I S. 51)[2]) erworben hat oder wenn er bis zum 31. Dezember 1942 in die Abteilung 3 der Deutschen Volksliste aufgenommen ist.

(3) Bis zum 31. März 1943 müssen auch diejenigen Berechtigten ihre erloschenen Rechte anmelden, bei denen bis zum 31. Dezember 1942 eine Ausnahme nach § 1 Abs. 2 Satz 2 der Verordnung über die Behandlung von Vermögen der Angehörigen des ehemaligen polnischen Staates vom 17. September 1940 (Reichsgesetzbl. I S. 1270)[3]) gemacht ist.

---

[1]) s. 3. Nachtrag S. 75. [2]) s. 4. Nachtrag S. 5. [3]) s. 1. Nachtrag S. 32.

(4) Wird der Berechtigte erst nach dem 31. Dezember 1942 in die Abteilung 1, 2 oder 3 der Deutschen Volksliste aufgenommen, so hat er das erloschene Recht innerhalb von drei Monaten nach der Aufnahme anzumelden. Berechtigte, bei denen nach dem 31. Dezember 1942 eine Ausnahme nach § 1 Abs. 2 Satz 2 der Verordnung vom 17. September 1940 (Reichsgesetzbl. I S. 1270)[1]) gemacht wird, haben ihre erloschenen Rechte innerhalb von drei Monaten nach Anordnung der Ausnahmeregelung anzumelden.

(5) Der Aufnahme in die Abteilung 1, 2 und 3 der Deutschen Volksliste steht es gleich, wenn die für die Ausfertigung von Einbürgerungsurkunden zuständigen Behörden feststellen, daß der Berechtigte die Voraussetzungen für die Aufnahme in die Abteilung 1, 2 oder 3 der Deutschen Volksliste erfüllt (§§ 4, 5 der Verordnung über die Deutsche Volksliste vom 4. März 1941 — Reichsgesetzbl. I S. 118 — in der Fassung der Zweiten Verordnung vom 31. Januar 1942 — Reichsgesetzbl. I S. 51)[2]).

§ 2. Zuständiges Gericht. Nachsicht bei Fristversäumung.

(1) Der Berechtigte hat das erloschene Recht bei dem Amtsgericht anzumelden, in dessen Bezirk das mit dem Recht belastete Grundstück oder der Betrieb liegt, auf den sich das Recht bezieht.

(2) Die Anmeldefrist ist auch dann gewahrt, wenn der Berechtigte das erloschene Recht innerhalb der Frist bei einem anderen als dem zuständigen Amtsgericht angemeldet hat. Das Amtsgericht, bei dem die Anmeldung eingeht, hat sie an das zuständige Amtsgericht weiterzuleiten.

(3) War der Berechtigte ohne sein Verschulden verhindert, die Anmeldefrist einzuhalten, so kann ihm das Amtsgericht Nachsicht gewähren, wenn er die Anmeldung binnen eines Monats nach der Beseitigung des Hindernisses nachholt. Die Tatsachen, die die Nachsicht begründen, hat der Berechtigte glaubhaft zu machen.

(4) § 31 der Vertragshilfeverordnung vom 30. November 1939 (Reichsgesetzbl. I S. 2329) ist auf die Anmeldefrist nicht anzuwenden.

§ 3. Anmeldung persönlicher Forderungen.

Persönliche Forderungen gegen den Inhaber eines der Beschlagnahme unterliegenden land- oder forstwirtschaftlichen Betriebs sind anzumelden, auch wenn die Forderungen mit dem Betrieb nicht in wirtschaftlichem Zusammenhang stehen. Hat jedoch der Betriebsinhaber neben land- und forstwirtschaftlichem Vermögen noch sonstiges Vermögen (insbesondere gewerbliches Vermögen und städtischen Wohnhausbesitz) und ist für dieses Vermögen ein kommissarischer Verwalter bestellt, so sind Forderungen,

---

[1]) s. 1. Nachtrag S. 32.
[2]) s. 4. Nachtrag S. 5.

die mit dem sonstigen Vermögen in wirtschaftlichem Zusammenhang stehen, nicht bei dem Amtsgericht anzumelden.

§ 4. Sonderregelung für Schuldner aus Abteilung 3 der Deutschen Volksliste.

Wird der Eigentümer des Grundstücks oder der Inhaber des Betriebs in die Abteilung 3 der Deutschen Volksliste aufgenommen, so erlöschen die Rechte, die das Grundstück belasten oder sich auf den Betrieb beziehen, nur, wenn der Reichskommissar für die Festigung deutschen Volkstums dies im Einzelfall anordnet. Die Rechte erlöschen in dem Zeitpunkt, den der Reichskommissar festsetzt. Der Berechtigte hat das erloschene Recht innerhalb von drei Monaten anzumelden, nachdem er von der Anordnung Kenntnis erlangt hat.

§ 5. Ausnahmen von der Anwendung des § 43.

(1) Für bestimmte land- und forstwirtschaftliche Grundstücke und Betriebe sowie für bestimmte Gruppen von Grundstücken und Betrieben, die nicht eingezogen werden sollen, kann der Reichskommissar für die Festigung deutschen Volkstums anordnen, daß die Rechte, die das Grundstück belasten oder sich auf den Betrieb beziehen, nicht erlöschen. In diesem Fall sind die Rechte nicht anzumelden.

(2) Für Grundstücke und Betriebe, die vorläufig nicht eingezogen werden sollen, kann der Reichskommissar für die Festigung deutschen Volkstums anordnen, daß die Rechte, die das Grundstück belasten oder sich auf den Betrieb beziehen, erst in einem von ihm festzusetzenden späteren Zeitpunkt erlöschen. Der Berechtigte hat das erloschene Recht erst anzumelden, wenn der Zeitpunkt festgesetzt ist, und zwar innerhalb von drei Monaten, nachdem er von der Festsetzung des Zeitpunkts Kenntnis erlangt hat.

§ 6. Unterlagen für die Feststellung.

(1) Wer ein erloschenes Recht anmeldet, hat nachzuweisen, daß er nicht ehemaliger polnischer Staatsangehöriger ist oder daß er in die Abteilung 1, 2 oder 3 der Deutschen Volksliste aufgenommen oder daß bei ihm eine Ausnahme nach § 1 Abs. 2 Satz 2 der Verordnung vom 17. September 1940 (Reichsgesetzbl. I S. 1270) gemacht ist. Ist der Berechtigte ehemaliger Danziger Staatsangehöriger, so hat er nachzuweisen, daß er die deutsche Staatsangehörigkeit nach § 4 der Verordnung über die Deutsche Volksliste vom 4. März 1941 (Reichsgesetzbl. I S. 118) in der Fassung der Zweiten Verordnung vom 31. Januar 1942 (Reichsgesetzbl. I S. 51) erworben hat oder daß er in die Abteilung 3 der Deutschen Volksliste aufgenommen ist. § 1 Abs. 5 gilt sinngemäß. Über die Form, in der der Nachweis zu führen ist, können nähere Vorschriften im Verwaltungswege erlassen werden.

(2) Urkunden über das Recht, insbesondere Schuldscheine und Hypothekenbriefe, sowie sonstige Beweismittel hat der Berechtigte dem Amtsgericht vorzulegen.

(3) Sind Zinsen und sonstige wiederkehrende Leistungen, auf die der Berechtigte einen Anspruch hatte, nicht gezahlt worden, so hat der Berechtigte anzugeben, für welche Zeit sie rückständig sind.

§ 7. Art und Weise der Feststellung.

(1) Geht eine Anmeldung bei dem zuständigen Amtsgericht ein, so hat dieses zunächst zu ermitteln, ob das Grundstück, das mit dem angemeldeten Recht belastet ist, oder der Betrieb, gegen dessen Inhaber sich die angemeldete Forderung richtet, der Beschlagnahme unterliegt. Zu diesem Zweck soll das Gericht in Zweifelsfällen eine Auskunft von dem zuständigen Bodenamt einholen.

(2) Unterliegt das Grundstück oder der Betrieb der Beschlagnahme und hat der Berechtigte den nach § 6 Abs. 1 erforderlichen Nachweis erbracht, so hat das Amtsgericht festzustellen, ob und zu welchem Betrag das angemeldete Recht bestehen würde, wenn es nicht nach § 43 der Schuldenabwicklungsverordnung erloschen wäre. Nebenansprüche (Zinsen, Tilgungsbeträge) sind getrennt vom Hauptrecht nach Betrag oder Hundertsatz und Zeitdauer festzustellen.

(3) Persönliche Forderungen, die mit dem der Beschlagnahme unterliegenden Betrieb nicht in wirtschaftlichem Zusammenhang stehen, sind bei der Feststellung als solche zu kennzeichnen.

(4) Unterliegt das Grundstück oder der Betrieb nicht der Beschlagnahme oder erbringt der Berechtigte nicht den nach § 6 Abs. 1 erforderlichen Nachweis, so hat das Gericht die Feststellung abzulehnen. Ferner ist die Feststellung von Forderungen und Rechten abzulehnen, die nach § 3 Satz 2, §§ 4, 5 nicht oder noch nicht anzumelden sind.

§ 8. Nicht auf eine Geldleistung gerichtete Rechte.

(1) Bei Rechten, die nicht auf eine Geldleistung gerichtet sind, hat das Gericht den Geldwert zu schätzen. Bei einem Anspruch auf wiederkehrende Leistungen ist der gegenwärtige Kapitalwert zu ermitteln.

(2) Den Geldwert eines Rechts, das nicht auf eine Geldleistung gerichtet ist, hat das Gericht nicht festzustellen, wenn der Reichskommissar für die Festigung deutschen Volkstums im Einvernehmen mit dem Reichsminister für Ernährung und Landwirtschaft erklärt, daß das Recht wiederhergestellt werden soll. Der Reichskommissar für die Festigung deutschen Volkstums und der Reichsminister für Ernährung und Landwirtschaft können andere Behörden zur Abgabe der Erklärung ermächtigen.

(3) In geeigneten Fällen fragt das Amtsgericht bei dem Reichskommissar für die Festigung deutschen Volkstums oder der von ihm ermächtigten Behörde an, ob eine Erklärung nach Abs. 2 abgegeben wird.

§ 9. Wertlose Forderungen.

(1) Die Feststellung eines angemeldeten Rechts ist abzulehnen, wenn es wegen Überschuldung des der Beschlagnahme unterliegenden Vermögens oder aus sonstigen Gründen offensichtlich wertlos war.

(2) Bestehen erhebliche Zweifel darüber, ob ein angemeldetes Recht durch den Wert des der Beschlagnahme unterliegenden Vermögens gedeckt war, so hat das Gericht nach billigem Ermessen darüber zu entscheiden, in welcher Höhe das Recht festzustellen ist.

§ 10. Aufgewertete Rechte.

(1) Beantragt der Berechtigte für ein Recht, das nach § 43 der Schuldenabwicklungsverordnung erloschen ist, bei dem für die Feststellung zuständigen Amtsgericht die Aufwertung oder die Eintragung der Aufwertung ins Grundbuch, so gilt dieser Antrag als Anmeldung gemäß § 43 Abs. 3 der Schuldenabwicklungsverordnung. § 2 Abs. 2 ist sinngemäß anzuwenden.

(2) Ist bei einem erloschenen Recht, das der Aufwertung unterlag, die Aufwertung noch nicht geregelt, so ist über die Aufwertung im Feststellungsverfahren zu entscheiden. Hat ein Gericht vor der Eingliederung der Ostgebiete über die Aufwertung entschieden, so ist der Feststellung diese Entscheidung zugrunde zu legen, wenn sie nach § 46 der Ersten Ost-Rechtspflege-Durchführungsverordnung vom 25. September 1941 (Reichsgesetzbl. I S. 599) anerkannt wird.

(3) Abs. 2 gilt nicht für Hypotheken, die auf Grund zwischenstaatlicher Vereinbarung von einer deutschen auf eine polnische öffentlich-rechtliche Kreditanstalt als Treuhandstelle übergegangen sind, sofern das Treuhandverhältnis noch fortbesteht. Diese Hypotheken hat der Berechtigte nicht bei dem Amtsgericht anzumelden; das Amtsgericht hat sie nicht festzustellen. Die Abgeltung der Ersatzansprüche wird im Verwaltungsweg besonders geregelt.

§ 11. Zinsen.

(1) Zinsen sind nur bis zur Höhe von 4 vom Hundert, bei Hypotheken und Grundschulden bis zur Höhe von 5 vom Hundert festzustellen und nur insoweit, als sie für die Zeit nach dem 1. September 1939 nicht gezahlt worden sind.

(2) Sind bei einem dinglichen Recht die Zinsen für die Zeit vor dem 1. September 1939 nicht gezahlt worden, so sind sie ausnahmsweise in der Höhe von 3 vom Hundert jährlich auch für die Zeit zwischen dem 1. Oktober 1934 und dem 1. September 1939 festzustellen, wenn es der Billigkeit widersprechen würde, dem Gläubiger eine Entschädigung wegen

der Zinsrückstände zu versagen. Dies gilt insbesondere für die Zinsrückstände bei einem dinglichen Recht, das der Aufwertung unterliegt.

§ 12. Beteiligung anderer Dienststellen.

(1) Vor der Feststellung eines angemeldeten Rechts soll das Gericht, soweit es sich um landwirtschaftliche Grundstücke und Betriebe handelt, die Ostdeutsche Landbewirtschaftungsgesellschaft (Ostland) hören. Bei forstwirtschaftlichen Grundstücken und Betrieben ist der Reichsstatthalter (Landesforstamt), in den Gebieten, in denen kein Reichsstatthalter eingesetzt ist, der Oberpräsident (Landesforstamt) zu hören.

(2) Bestehen im Einzelfall Zweifel darüber, ob die Abwicklung nach § 43 oder nach den allgemeinen Vorschriften der Schuldenabwicklungsverordnung zu erfolgen hat, so soll das Gericht eine gemeinsame Entscheidung der Haupttreuhandstelle Ost und des Reichskommissars für die Festigung deutschen Volkstums nach § 44 Abs. 2 herbeiführen.

(3) Die gerichtlichen Entscheidungen sind auch der Ostland oder dem Landesforstamt (Abs. 1) und dem Deutschen Reich, vertreten durch das zuständige Finanzamt, zuzustellen.

§ 13. Beschwerde.

Gegen den Beschluß, durch den das Amtsgericht über die Feststellung entscheidet, ist die sofortige Beschwerde an das Oberlandesgericht zulässig, wenn der Wert des Beschwerdegegenstands 2000 Reichsmark übersteigt oder wenn das Amtsgericht in seinem Beschluß die Beschwerde wegen der grundsätzlichen Bedeutung der Entscheidung zugelassen hat. Im übrigen sind die Verfügungen des Amtsgerichts im Feststellungsverfahren unanfechtbar.

§ 14. Kosten.

(1) Das Feststellungsverfahren beim Amtsgericht ist frei von Gebühren und Auslagen.

(2) Für die Kosten des Beschwerdeverfahrens gelten die allgemeinen Vorschriften. Der Geschäftswert ist nach dem Wert des angemeldeten Rechts zu berechnen, soweit es Gegenstand der Beschwerde ist.

§ 15. Inkrafttreten.

Diese Verordnung tritt am siebenten Tage nach ihrer Verkündung in Kraft.

3. Dritte Durchführungsverordnung zur Verordnung über die bürgerliche Rechtspflege in den eingegliederten Ostgebieten (Dritte Ost-Rechtspflege-Durchführungsverordnung — 3. ORpflDVO. —).

Vom 17. März 1942 (RGBl. I S. 125).

Auf Grund des § 8 der Ost-Rechtspflege-Verordnung vom 25. September 1941 (Reichsgesetzbl. I S. 597) wird verordnet:

Erster Abschnitt.

Verfahren bei der Feststellung der Aufwertung.

§ 1. Entscheidung des Amtsgerichts.

(1) Ist bei Forderungen oder dinglichen Rechten, die nach dem in den eingegliederten Ostgebieten geltenden Recht der Aufwertung unterliegen, die Aufwertung noch nicht geregelt, so kann jeder der Beteiligten bei dem nach § 2 zuständigen Amtsgericht beantragen, daß der Richter den Aufwertungsbetrag feststellt. Der Richter entscheidet über den Antrag im Verfahren der freiwilligen Gerichtsbarkeit. Das Amtsgericht ist für diese Entscheidung ausschließlich zuständig.

(2) Ist für die Durchführung der Aufwertung eine Grundbucheintragung erforderlich, so ist die Aufwertung nur dann als geregelt anzusehen, wenn eine gerichtliche Entscheidung über die Aufwertung vorliegt oder wenn der Eigentümer die Eintragung der Aufwertung in grundbuchmäßiger Form bewilligt hat.

(3) Hat ein Gericht vor der Eingliederung der Ostgebiete über die Aufwertung entschieden, so hat es dabei sein Bewenden, wenn die Entscheidung nach § 46 der Ersten Ost-Rechtspflege-Durchführungsverordnung vom 25. September 1941 (Reichsgesetzbl. I S. 599) anerkannt wird.

(4) Vorschriften, nach denen für die Aufwertung bestimmter Ansprüche der Rechtsweg ausgeschlossen ist, bleiben unberührt.

§ 2. Örtliche Zuständigkeit.

(1) Für die Aufwertung von Hypotheken und Forderungen, die durch eine Hypothek gesichert sind oder gesichert waren, sowie für die Aufwertung von Grundschulden, Rentenschulden und Reallasten ist das Amtsgericht zuständig, in dessen Bezirk das belastete Grundstück liegt. Wird das Grundbuch für das belastete Grundstück von einem anderen Amtsgericht geführt, so ist das letztere zuständig. Im Fall einer Gesamtbelastung ist das zuerst angerufene Amtsgericht auch hinsichtlich der mitbelasteten Grundstücke zuständig.

(2) In allen anderen Fällen ist das Amtsgericht zuständig, bei dem der Schuldner seinen allgemeinen Gerichtsstand hat. Hat der Schuldner

seinen allgemeinen Gerichtsstand nicht mehr in den eingegliederten Ostgebieten, so ist das Amtsgericht zuständig, bei dem der Schuldner dort zuletzt seinen allgemeinen Gerichtsstand hatte. Hatte der Schuldner seinen allgemeinen Gerichtsstand auch früher nicht in den eingegliederten Ostgebieten, so ist das Amtsgericht Posen zuständig.

§ 3. Antragsfrist.

(1) Der Antrag auf Feststellung der Aufwertung (§ 1) muß spätestens bis zum 31. März 1943 gestellt werden. § 31 der Vertragshilfeverordnung vom 30. November 1939 (Reichsgesetzbl. I S. 2329) ist auf diese Frist nicht anzuwenden.

(2) Die Antragsfrist ist auch dann gewahrt, wenn der Antrag innerhalb der Frist bei einem anderen als dem nach § 2 zuständigen Amtsgericht gestellt wird. Das Amtsgericht, bei dem der Antrag eingeht, hat ihn an das zuständige Amtsgericht weiterzuleiten.

(3) Wird innerhalb der Antragsfrist die Eintragung der Aufwertung ins Grundbuch beantragt, obwohl die Voraussetzungen für die Eintragung noch nicht gegeben sind, so gilt der Eintragungsantrag als Antrag auf Feststellung der Aufwertung nach § 1. Das Grundbuchamt (Grundbuchsgericht) hat ihn an das zuständige Amtsgericht weiterzuleiten.

§ 4. Folgen der Fristversäumung.

Soweit bei Forderungen und dinglichen Rechten, die der Aufwertung unterliegen, die Aufwertung noch nicht geregelt ist, erlöschen die Forderungen und Rechte, wenn der Antrag auf Feststellung der Aufwertung nicht bis zum 31. März 1943 gestellt ist oder wenn er rechtskräftig zurückgewiesen wird. Die Vorschriften der Schuldenabwicklungsverordnung vom 15. August 1941 (Reichsgesetzbl. I S. 516), nach denen Forderungen und Rechte unter den dort näher bezeichneten Voraussetzungen erlöschen, werden hierdurch nicht berührt.

§ 5. Nachsicht.

(1) Hat der Gläubiger hinsichtlich einer Forderung, die der Aufwertung unterliegt, die Antragsfrist unverschuldet versäumt, so kann ihm der nach §§ 1, 2 zuständige Richter auf Antrag Nachsicht gewähren und bestimmen, daß die Forderung in Höhe des Aufwertungsbetrags wieder auflebt

(2) Soweit dies im Interesse des Gläubigers notwendig ist, kann der Richter auf Antrag des Gläubigers auch anordnen, daß die Forderung durch eine neue Hypothek an nächstbereiter Rangstelle dinglich zu sichern ist. Ebenso kann der Richter, wenn eine Grundschuld, Rentenschuld oder Reallast nach § 4 erloschen ist, die Wiedereinräumung eines solchen Rechts an nächstbereiter Rangstelle anordnen. Die Anordnung ersetzt die zur

Begründung des dinglichen Rechts erforderlichen Erklärungen der Beteiligten.

(3) Beantragt der Gläubiger eine Anordnung nach Abs. 2, so kann der Richter nach Eingang des Antrags das Grundbuchamt um Eintragung einer Vormerkung zur Sicherung des Anspruchs auf Einräumung der Hypothek oder des anderen dinglichen Rechts ersuchen. Im Anwendungsbereich des Grundbuchsgesetzes kann der Richter die Eintragung einer Ranganmerkung nach § 53 des Grundbuchsgesetzes bewilligen; die Ausfertigung des Bewilligungsbescheides ist dem Gläubiger auszuhändigen.

(4) Eine Anordnung nach Abs. 2 ist nicht mehr zulässig, wenn das Eigentum an dem Grundstück durch Zuschlag in der Zwangsversteigerung oder durch rechtsgeschäftlichen Erwerb infolge eines nach dem 31. Dezember 1943 gestellten Eintragungsantrags wechselt.

(5) Eine Anordnung nach Abs. 2 ist unzulässig, wenn das dingliche Recht, das die Forderung ursprünglich gesichert hat, auf Grund der §§ 27, 28 der Schuldenabwicklungsverordnung vom 15. August 1941 (Reichsgesetzbl. I S. 516) erloschen sein würde, falls es nicht nach § 4 erloschen wäre. Der Richter kann jedoch, wenn er gemäß Abs. 1 Nachsicht gewährt, dem Gläubiger gestatten, auf dem im § 41 Abs. 2 der Schuldenabwicklungsverordnung vorgesehenen Wege einen Ersatzanspruch geltend zu machen. Auf den Ersatzanspruch sind die §§ 27, 28, 41 der Schuldenabwicklungsverordnung sinngemäß anzuwenden.

§ 6. Zinsen.

(1) Stellt der Richter nach § 1 die Aufwertung einer Forderung oder eines dinglichen Rechts fest oder bestimmt er nach § 5 das Wiederaufleben, so hat er zugleich nach billigem Ermessen zu bestimmen, mit welchem Satz die Forderung oder das Recht zu verzinsen ist.

(2) Auf Antrag eines Beteiligten kann der Richter auch bestimmen, inwieweit Zinsen für die Vergangenheit nachzuzahlen sind. § 13 der Schuldenabwicklungsverordnung vom 15. August 1941 (Reichsgesetzbl. I S. 516) bleibt unberührt mit der Maßgabe, daß aus einer beschlagnahmten Vermögensmasse Zinsen für dinglich gesicherte Forderungen und dingliche Rechte auch für die Zeit vor dem 1. September 1939 gezahlt werden können, wenn es der Billigkeit widersprechen würde, die Zinsen für die zurückliegende Zeit dem Gläubiger zu versagen.

§ 7. Fälligkeitsregelung. Vollstreckbarkeit.

(1) In der Entscheidung über die Aufwertung kann der Richter auf Antrag eines Beteiligten auch die Fälligkeit der Forderung oder des dinglichen Rechts regeln, wenn darüber Streit oder Ungewißheit besteht. Die Vorschriften, die in der Schuldenabwicklungsverordnung vom 15. August 1941 (Reichsgesetzbl. I S. 516) und den Durchführungsbestimmungen hier-

zu über die Befriedigung von Forderungen aus einer beschlagnahmten Vermögensmasse getroffen sind, werden hierdurch nicht berührt.

(2) In der Entscheidung über die Aufwertung kann der Richter auf Antrag des Gläubigers ferner die Pflicht des Schuldners zur Leistung, insbesondere zur Zahlung oder zur Duldung der Zwangsvollstreckung, aussprechen. In diesem Falle findet aus der rechtskräftigen Entscheidung die Zwangsvollstreckung wie aus einem rechtskräftigen Urteil statt.

§ 8. Anzeigen und Ersuchen an das Grundbuchamt (Grundbuchsgericht).

Wird die Feststellung der Aufwertung bei einer Hypothek, Grundschuld, Rentenschuld oder Reallast beantragt, so zeigt das Amtsgericht, bei dem der Antrag eingeht, dem zuständigen Grundbuchamt den Eingang an. Nach Rechtskraft der Entscheidung ersucht das Amtsgericht das Grundbuchamt um Eintragung des Aufwertungsbetrags und des festgesetzten Zinssatzes; im Falle des § 5 Abs. 2 ersucht das Amtsgericht das Grundbuchamt um Eintragung der neuen Hypothek oder des anderen dinglichen Rechts. Ist die Aufwertung durch rechtskräftige Entscheidung abgelehnt worden, so teilt das Amtsgericht dies dem Grundbuchamt mit.

§ 9. Beschwerde.

Gegen die Entscheidungen des Amtsgerichts ist die sofortige Beschwerde zulässig. Über die Beschwerde entscheidet das Oberlandesgericht.

§ 10. Kosten.

Für die Kosten des Verfahrens gilt die preußische Verordnung über das Kostenwesen bei den Aufwertungsstellen vom 28. Juli 1925 (Preuß. Gesetzsamml. S. 103) sinngemäß. Der Richter bestimmt nach billigem Ermessen, wer von den Beteiligten die Kosten zu tragen hat[1]).

§ 11. Übergangsregelung bei anhängigem Rechtsstreit.

Ist bei Inkrafttreten dieser Verordnung wegen des Anspruchs, dessen Aufwertung der Gläubiger begehrt, ein Rechtsstreit anhängig, so kann das Prozeßgericht entweder selbst über die Aufwertung entscheiden oder die Sache, soweit es sich um die Feststellung der Aufwertung handelt, an den Richter der freiwilligen Gerichtsbarkeit verweisen. Wird das Verfahren durch die Entscheidung des Richters der freiwilligen Gerichtsbarkeit abgeschlossen, so bestimmt dieser nach billigem Ermessen, wer von den Beteiligten die Kosten des Rechtsstreits zu tragen hat.

§ 12. Sonderregelung für treuhänderisch verwaltete Hypotheken.

(1) Für Hypotheken, die auf Grund zwischenstaatlicher Vereinbarung von einer deutschen auf eine polnische öffentlich-rechtliche Kreditanstalt

---

[1]) s. unten S. 29.

als Treuhandstelle übergegangen sind, gelten die §§ 1 bis 11 nicht, sofern das Treuhandverhältnis noch fortbesteht.

(2) Bei den im Abs. 1 genannten Hypotheken errechnet die Kreditanstalt, für die sie treuhänderisch verwaltet werden, den Aufwertungsbetrag. Den errechneten Betrag hat die Kreditanstalt dem Schuldner mit der Erklärung mitzuteilen, daß er als für den Schuldner verbindlich festgestellt anzusehen ist, falls dieser nicht binnen einer Frist von einem Monat Widerspruch einlegt. Die Mitteilung bedarf der Zustellung. Wird Widerspruch eingelegt, so entscheidet ein von dem Reichsminister der Justiz bestellter Kommissar unter Ausschluß des Rechtsweges über die Aufwertung endgültig.

(3) Soweit auf Grund zwischenstaatlicher Vereinbarung die Aufwertung der im Abs. 1 genannten Hypotheken b reits bestätigt ist, hat es dabei sein Bewenden. Abs. 2 findet in diesem Falle keine Anwendung.

(4) Der Aufwertungsbetrag wird auf Antrag der Kreditanstalt, für die die Hypothek treuhänderisch verwaltet wird, in das Grundbuch eingetragen. Eines Nachweises der Unrichtigkeit des Grundbuchs oder der Bewilligung der Betroffenen bedarf es nicht.

Zweiter Abschnitt.

Bereinigung der Grundbücher.

§ 13. Frist für den Antrag auf Eintragung der Aufwertung.

(1) Ist bei einer Hypothek in den eingegliederten Ostgebieten die Aufwertung bereits geregelt (§ 1 Abs. 2), aber noch nicht in das Grundbuch eingetragen, so muß die Eintragung der Aufwertung spätestens bis zum 31. März 1943 beantragt werden. Diese Frist ist auch bei der Antragsstellung nach § 12 Abs. 4 einzuhalten.

(2) Der Antrag ist an das Amtsgericht zu richten, in dessen Bezirk das belastete Grundstück liegt. Im Fall einer Gesamtbelastung genügt es, wenn der Antrag bei einem der hiernach zuständigen Amtsgerichte gestellt wird. § 2 Abs. 1 Sätze 2, 3 und § 3 Abs. 2 gelten sinngemäß.

§ 14. Folgen der Fristversäumung.

(1) Wird im Falle des § 13 der Antrag, die Aufwertung in das Grundbuch einzutragen, nicht bis zum 31. März 1943 gestellt oder wird der Antrag rechtskräftig zurückgewiesen, so erlischt die Hypothek. Die Vorschriften der Schuldenabwicklungsverordnung vom 15. August 1941 (Reichsgesetzbl. I S. 516), nach denen ein Recht an einem Grundstück unter den dort näher bezeichneten Voraussetzungen erlischt, werden hierdurch nicht berührt.

(2) Hat der Gläubiger die Antragsfrist unverschuldet versäumt, so kann ihm der Richter der freiwilligen Gerichtsbarkeit (§ 1 Abs. 1) auf

Antrag Nachsicht gewähren. § 2, § 5 Abs. 2 bis 5, §§ 6 bis 10 gelten sinngemäß.

(3) § 31 der Vertragshilfeverordnung vom 30. November 1939 (Reichsgesetzbl. I S. 2329) ist nicht anzuwenden.

§ 15. Löschung von Amts wegen.

Ist für eine Hypothek, die der Aufwertung unterliegt, bis zum 31. März 1943 weder ein Antrag auf Feststellung der Aufwertung (§ 1) noch ein Antrag auf Eintragung der Aufwertung (§ 13) gestellt worden, so hat das Grundbuchamt (Grundbuchsgericht) die Hypothek von Amts wegen zu löschen. Das gleiche gilt, wenn ein Antrag gestellt, aber rechtskräftig zurückgewiesen worden ist.

§ 16. Beschwerde.

Weist das Grundbuchamt (Grundbuchsgericht) den Antrag auf Eintragung der Aufwertung zurück, so ist hiergegen die Beschwerde (der Rekurs) nach den Vorschriften der Grundbuchordnung (des Grundbuchsgesetzes) zulässig. Die Beschwerde ist im Anwendungsbereich der Grundbuchordnung die sofortige.

§ 17. Aufwertung anderer Rechte.

Die §§ 13 bis 16 gelten für Grundschulden, Rentenschulden und Reallasten sinngemäß.

§ 18. Erleichterungen des Grundbuchverkehrs.

(1) Eine aufgewertete Hypothek oder Grundschuld, deren Geldbetrag 500 Reichsmark nicht übersteigt, kann im Grundbuch gelöscht werden, ohne daß

1. die Voraussetzungen der Löschung in der im § 29 der Grundbuchordnung vorgeschriebenen Form nachgewiesen werden,
2. die Erbfolge in der im § 35 der Grundbuchordnung vorgeschriebenen Form nachgewiesen wird.

Das gleiche gilt für eine aufgewertete Rentenschuld oder Reallast, deren Jahresleistung 25 Reichsmark nicht übersteigt.

(2) Bei einer Hypothek (Grundschuld, Rentenschuld), über die ein Brief erteilt ist, darf eine Eintragung aus Anlaß der Aufwertung auch dann vorgenommen werden, wenn der Brief nicht vorgelegt wird. Das Grundbuchamt hat den Besitzer des Hypotheken- (Grundschuld-, Rentenschuld-) briefs zur Vorlegung des Briefs anzuhalten.

(3) Für die Eintragung der Aufwertung werden Gebühren nicht erhoben. Das gleiche gilt für die Löschung eingetragener Rechte nach §§ 15 und 17.

(4) Im Anwendungsbereich des Grundbuchsgesetzes ist Abs. 1 nicht anzuwenden.

Dritter Abschnitt.

Kraftloswerden von Hypothekenbriefen, Grundschuld- und Rentenschuldbriefen.

§ 19. (1) Mit Ablauf des 31. März 1943 werden alle Hypothekenbriefe kraftlos, die den Geldbetrag der Hypothek dann noch in polnischer Mark oder in deutscher Mark bezeichnen. Der deutschen Mark stehen die Währungen gleich, die vor Einführung der Markwährung im Reichsgebiet gegolten haben.

(2) Das Grundbuchamt hat den Besitzer eines kraftlos gewordenen Hypothekenbriefs zur Vorlegung des Briefs anzuhalten, sobald die Geschäftslage beim Grundbuchamt dies gestattet. Der Brief ist unbrauchbar zu machen. Eine mit dem Brief verbundene Schuldurkunde ist abzutrennen und zurückzugeben.

(3) Die Erteilung eines neuen Briefs gilt als ausgeschlossen. Dies ist im Grundbuch zu vermerken. Die Ausschließung der Erteilung des Hypothekenbriefs kann nicht wieder aufgehoben werden.

(4) Abs. 1 bis 3 gelten für Grundschuldbriefe und für Rentenschuldbriefe sinngemäß.

Vierter Abschnitt.

Inkrafttreten.

§ 20. Diese Verordnung tritt am siebenten Tage nach ihrer Verkündung in Kraft.

4. Verordnung über das Kostenwesen bei den Aufwertungsstellen.

Vom 28. Juli 1925 (PrGesS. 1925, 103).

Auf Grund des § 7 Abs. 2 der Verordnung über die Einrichtung und das Verfahren der Aufwertungsstellen vom 21. Juli 1925 (RGBl. I S. 154) wird folgendes verordnet:

§ 1. Für das Verfahren vor der Aufwertungsstelle werden Gebühren und Auslagen nach Maßgabe der folgenden Vorschriften berechnet.

§ 2. Für die Gebührenberechnung ist der Wert des Streitgegenstandes maßgebend. Dieser Wert ist von der Aufwertungsstelle, im Beschwerdeverfahren von dem Beschwerdegericht, unter Berücksichtigung der gestellten Anträge nach freiem Ermessen festzusetzen.

§ 3. Schuldner der Gebühren und Auslagen ist derjenige, dem durch eine Entscheidung der Aufwertungsstelle oder des Beschwerdegerichts die Kosten des Verfahrens auferlegt worden sind (§ 76 Abs. 1 des Aufwertungsgesetzes vom 16. Juli 1925 — RGBl. I S. 117). In Ermangelung einer solchen Entscheidung kommen die Vorschriften der §§ 1, 2, 4 und 5 des

Preußischen Gerichtskostengesetzes vom 28. Oktober 1922 (Gesetzsamml. 1922 S. 363, 1923 S. 107)[1]) entsprechend zur Anwendung.

§ 4. Soweit nicht in dieser Verordnung besondere Bestimmungen über die Fälligkeit getroffen sind, werden die Gebühren bei Beendigung des Verfahrens, die Auslagen bei ihrer Entstehung fällig. Im übrigen richtet sich die Berechnung und Einziehung der Kosten sowie das Erinnerungs- und Beschwerdeverfahren über den Kostenansatz nach den Vorschriften, welche für die nach dem Preußischen Gerichtskostengesetze[2]) zu erhebenden Gerichtskosten maßgebend sind. Der § 8 des Preußischen Gerichtskostengesetzes vom 28. Oktober 1922 (Gesetzsamml. 1922 S. 363, 1923 S. 107)[3]) ist entsprechend anwendbar.

§ 5. Volle Gebühr im Sinne dieser Verordnung ist die im § 32 des Preußischen Gerichtskostengesetzes vom 28. Oktober 1922 (Gesetzsamml. 1922 S. 363, 1923 S. 107)[4]) bestimmte Gebühr. Der Mindestbetrag einer Gebühr ist zwei Reichsmark.

§ 6. Für die Entgegennahme des Antrages auf Einleitung des Verfahrens gemäß §§ 69, 70 des Aufwertungsgesetzes werden von dem Antragsteller zwei Zehnteile der vollen Gebühr erhoben. Die Gebühr ist bei Eingang des Antrags fällig; sie wird auf die für das Verfahren zu erhebende Gebühr (§ 7 Abs. 1) angerechnet.

§ 7. (1) Für das Verfahren vor der Aufwertungsstelle einschließlich der Anordnung und Vornahme von Beweisverhandlungen und der Beurkundung eines Vergleichs werden fünf Zehnteile der vollen Gebühr erhoben.

(2) Wird eine das Verfahren abschließende Entscheidung der Aufwertungsstelle getroffen, so werden weitere fünf Zehnteile der vollen Gebühr erhoben.

(3) Bei Einleitung des Verfahrens kann ein Vorschuß in Höhe von drei Zehnteilen der vollen Gebühr erhoben werden.

§ 8. (1) Für die Entscheidung einschließlich des vorangegangenen Verfahrens in der Beschwerdeinstanz (§ 74 des Aufwertungsgesetzes) werden fünf Zehnteile der vollen Gebühr erhoben.

(2) Wird die Beschwerde zurückgenommen, bevor eine Entscheidung ergangen ist, so werden zwei Zehnteile der vollen Gebühr erhoben.

§ 9. (1) Wird vom Beschwerdegericht eine Sache zur anderweiten Verhandlung an die Vorinstanz zurückverwiesen, so gilt die Fortsetzung des Verfahrens in dieser Instanz hinsichtlich der Gebührenerhebung nicht als ein neues Verfahren.

---

[1]) nunmehr der §§ 2, 3 und 4 der Kostenordnung vom 25. 11. 1935 (RGBl. I S. 1371).

[2]) nunmehr § 12 der Kostenordnung vom 25. 11. 1935 (RGBl. I S. 1371).

[3]) nunmehr § 10 der Kostenordnung vom 25. 11. 1935 (RGBl. I S. 1371).

[4]) jetzt § 26 der Kostenordnung vom 25. 11. 1935 (RGBl. I S. 1371).

(2) Werden gemäß § 3 der Verordnung über die Einrichtung und das Verfahren der Aufwertungsstellen vom 21. Juli 1925 (RGBl. I S. 154) mehrere gegen denselben Schuldner anhängige Aufwertungsverfahren zum Zwecke der gleichzeitigen Verhandlung und Entscheidung verbunden, so sind die Gebühren während der Dauer der Verbindung von dem Gesamtwerte zu berechnen.

§ 10. (1) Für die Erhebung der Auslagen gelten die Vorschriften der §§ 109 bis 112 und 114 des Preußischen Gerichtskostengesetzes vom 28. Oktober 1922 (Gesetzsamml. 1922 S. 363, 1923 S. 107)[1]). Zur Deckung der baren Auslagen kann von dem Antragsteller ein angemessener Vorschuß erhoben werden.

(2) Eine Erhebung von Stempeln findet nicht statt. Urkunden, von denen im Verfahren Gebrauch gemacht wird, sind nur insoweit einem Stempel unterworfen, als sie es ohne diesen Gebrauch sein würden. Für die Behandlung dieser Stempel gilt der § 29 des Preußischen Gerichtskostengesetzes sinngemäß[2]).

§ 11. ....

5. Abschnitt. Auf dem Gebiet des Arbeitsrechts.

1. Verordnung über die Einführung des Vertriebs von Urlaubskarten und Urlaubsmarken und der Auszahlung von Urlaubsgeld in den eingegliederten Ostgebieten.

Vom 20. April 1942 (RGBl. I S. 240).

Auf Grund des § 8 des Erlasses des Führers und Reichskanzlers über Gliederung und Verwaltung der Ostgebiete vom 8. Oktober 1939 (Reichsgesetzbl. I S. 2042) wird verordnet:

§ 1. Die Verordnung über den Vertrieb von Urlaubskarten und Urlaubsmarken sowie über die Auszahlung von Urlaubsgeld vom 20. Juni 1936 (Reichsgesetzbl. I S. 508)[3]) in der Fassung der Verordnungen vom 31. Januar 1938 (Reichsgesetzbl. I S. 109) und vom 19. Dezember 1940 (Reichsgesetzbl. I S. 1657) gilt auch in den eingegliederten Ostgebieten.

§ 2. § 3 Abs. 2 Satz 1 des Erlasses des Führers und Reichskanzlers über Gliederung und Verwaltung der Ostgebiete vom 8. Oktober 1939 (Reichsgesetzbl. I S. 2042) bleibt unberührt.

§ 3. Die Verordnung tritt mit Wirkung vom 1. Januar 1942 in Kraft.

---

[1]) jetzt §§ 138—142 Kostenordnung vom 25. 11. 1935 (RGBl. I S. 1371).

[2]) Falls eine Urkundensteuer im Hinblick auf die Ost-Steuerhilfe-Verordnung vom 9. 12. 1940 (RGBl. I S. 1565) noch erhoben wird, gilt an Stelle von § 29 PrGKG. der § 50 der Kostenverfügung vom 20. 11. 1940.

[3]) vgl. Rohlfing-Schraut, Arbeitsgesetze der Gegenwart, Hauptband S. 43, 1. Nachtrag S. 3, 3. Nachtrag S. 4.

2. Verordnung über das Inkrafttreten von Arbeitsschutzrecht im Regierungsbezirk Zichenau.

Vom 21. April 1942 (RGBl. I S. 241).

Auf Grund des § 3 Abs. 2 der Verordnung zur Einführung von Arbeitsschutzrecht in den eingegliederten Ostgebieten vom 5. September 1940 (Reichsgesetzbl. I S. 1232) wird verordnet:

Im Regierungsbezirk Zichenau treten am 1. Mai 1942 in Kraft:

1. das Gesetz über die Unterkunft bei Bauten vom 13. Dezember 1934 (Reichsgesetzbl. I S. 1234),
2. die Ausführungsverordnung zum Gesetz über die Unterkunft bei Bauten vom 24. Oktober 1938 (Reichsgesetzbl. I S. 1516),
3. die §§ 120a bis 120e, § 139b und die hierauf bezüglichen Strafvorschriften des Titels X der Gewerbeordnung vom 21. Juni 1869 in der Fassung der Bekanntmachung vom 26. Juli 1900 (Reichsgesetzbl. S. 871) und der zu ihrer Ergänzung und Änderung erlassenen Vorschriften.

Dritter Teil.

Wirtschafts- und Wirtschaftsorganisationsrecht.

2. Abschnitt. Allgemeines Handels- und Gewerberecht.

1. Verordnung zur Einführung des Gaststättengesetzes in den eingegliederten Ostgebieten.

Vom 15. Januar 1942 (RGBl. I S. 33).

Auf Grund des § 8 des Erlasses des Führers und Reichskanzlers über Gliederung und Verwaltung der Ostgebiete vom 8. Oktober 1939 (Reichsgesetzbl. I S. 2042) wird verordnet:

§ 1. (1) In den eingegliederten Ostgebieten gelten

a) das Gaststättengesetz vom 28. April 1930 (Reichsgesetzbl. I S. 146) in der Fassung der Gesetze zur Änderung des Gaststättengesetzes vom 3. Juli 1934 (Reichsgesetzbl. I S. 567), vom 9. Oktober 1934 (Reichsgesetzbl. I S. 913) und vom 27. September 1938 (Reichsgesetzbl. I S. 1245),

b) die Verordnung zur Ausführung des Gaststättengesetzes vom 21. Juli 1930 (Reichsgesetzbl. I S. 191) in der Fassung der Verordnung vom 19. Januar 1938 (Reichsgesetzbl. I S. 37) und

c) die Verordnung über Speiseeiswirtschaften vom 16. Juli 1934 (Reichsgesetzbl. I S. 709)

nach Maßgabe der folgenden Überleitungsvorschriften.

(2) Soweit Vorschriften, die durch diese Verordnung eingeführt werden, nicht unmittelbar angewendet werden können oder soweit auf reichsrechtliche Vorschriften verwiesen wird, die in den eingegliederten Ostgebieten noch nicht gelten, sind diese Vorschriften sinngemäß anzuwenden.

§ 2. (1) Alle vor dem 1. September 1939 für Gaststätten erteilten Erlaubnisse sind erloschen. Betriebsinhaber deutscher Volkszugehörigkeit, deren Erlaubnis hiernach erloschen ist, sind, sofern sie innerhalb von zwei Monaten nach Inkrafttreten dieser Verordnung den Antrag auf Erteilung der nach dem Gaststättengesetz notwendigen Erlaubnis stellen, berechtigt, den Betrieb bis zur Entscheidung auf diesen Antrag weiterzuführen.

(2) Betriebsinhaber, die nach dem 1. September 1939 eine unwiderrufliche und unbefristete Betriebsgenehmigung erhalten haben, haben innerhalb von zwei Monaten nach dem Inkrafttreten dieser Verordnung den Antrag auf Erteilung der nach dem Gaststättengesetz notwendigen Erlaubnis zu stellen; ihnen darf die Erlaubnis nur dann verweigert werden, wenn einer der im § 2 des Gaststättengesetzes genannten Versagungsgründe vorliegt; das Vorliegen eines Bedürfnisses (§ 1 Abs. 2 des Gaststättengesetzes) ist nicht zu prüfen.

(3) Betriebsinhaber, die nach dem 1. September 1939 eine widerrufliche oder befristete Betriebsgenehmigung erhalten haben, haben ebenfalls innerhalb von zwei Monaten nach Inkrafttreten dieser Verordnung den Antrag auf Erteilung der nach dem Gaststättengesetz notwendigen Erlaubnis zu stellen; wird der Antrag fristgemäß gestellt, so sind sie bis zur Entscheidung auf den Antrag zur Weiterführung des Betriebes auch in den Fällen berechtigt, in denen die Erlaubnis infolge Fristablaufs sonst erlöschen würde.

(4) Von der Haupttreuhandstelle Ost eingesetzte kommissarische Verwalter und Pächter stehen den Betriebsinhabern, die nach dem 1. September 1939 eine widerrufliche oder befristete Betriebsgenehmigung erhalten haben, gleich. Zulassungen nach § 7 des Gaststättengesetzes können bis zur Beendigung der Verwaltung durch die Haupttreuhandstelle befristet werden.

(5) Betriebsgenehmigungen im Sinne der Abs. 2 und 3 sind nur solche, die von einer nach den bisherigen gesetzlichen Bestimmungen zuständigen Behörde schriftlich erteilt worden sind.

§ 3. (1) Für den Vollzug des § 4 Abs. 3, des § 22 Abs. 1 und Abs. 2 Satz 1 und für die Stellung des Antrags nach § 11 Abs. 1 des Gaststättengesetzes ist die Ortspolizeibehörde, in allen sonstigen Fällen (§ 1, § 4 Abs. 1 und 2, § 5 Abs. 2, §§ 6, 7, 8, 11, 12, 13, § 17 Abs. 1, § 22 Abs. 2 Satz 4, § 24 Abs. 1 Satz 2 des Gaststättengesetzes) die Kreispolizeibehörde zuständig. Orts- und Kreispolizeibehörde ist in Gemeinden mit staatlicher Polizeiverwaltung die staatliche Polizeibehörde.

(2) Oberste Landesbehörde im Sinne des Gaststättengesetzes ist in

den Reichsgauen Danzig-Westpreußen und Wartheland der Reichsstatthalter. Er regelt das Verfahren im Rahmen der folgenden Vorschriften:

§ 18 Satz 3 Nr. 2 des Gaststättengesetzes gilt mit folgender Maßgabe: In den Fällen des § 5 Abs. 2, des § 7, des § 17 Abs. 1 Satz 2 und des § 22 Abs. 2 Satz 4 des Gaststättengesetzes entscheidet die zuständige Behörde unter Ausschluß jedes Rechtsmittels endgültig. In den sonstigen Fällen steht den Parteien die Beschwerde an die nächsthöhere Polizeibehörde (Kreispolizei-, Landespolizeibehörde) offen. Vor Erteilung der Erlaubnis für Gast- und Schankwirtschaften sind in allen Fällen auch die Gemeindebehörde und die Wirtschaftsgruppe Gaststätten- und Beherbergungsgewerbe oder die von ihr beauftragt bezirkliche oder fachliche Untergliederung (Bezirks- oder Kreisgruppe der Wirtschaftsgruppe Gaststätten- und Beherbergungsgewerbe), die Deutsche Arbeitsfront — Fachamt Fremdenverkehr — oder deren Bezirks- oder Kreisstellen zu hören.

§ 4. (1) An Polen darf die Erlaubnis nur auf Zeit und auf Widerruf erteilt werden.

(2) Die Entscheidung der zuständigen Behörde ist endgültig.

(3) Polen im Sinne dieser Vorschrift sind Schutzangehörige und Staatenlose polnischen Volkstums.

§ 5. In den in das Land Preußen eingegliederten Ostgebieten gilt im übrigen die preußische Durchführungsverordnung vom 18. Juni 1930 (Preuß. Gesetzsamml. S. 117) in der jeweils geltenden Fassung.

§ 6. Diese Verordnung tritt am 1. März 1942 in Kraft.

2. Verordnung zur Durchführung des Gaststättengesetzes.

Vom 13. März 1942 (RStVOBl. 1942, 229).

Auf Grund von § 3 (2) der Verordnung zur Einführung des Gaststättengesetzes in den eingegliederten Ostgebieten vom 15. Januar 1942 (Reichsgesetzbl. I S. 33) und der §§ 10 Abs. 1, 14, 17 Abs. 2, 18, 19, 21 Abs. 2 und 24 Abs. 2 des Gaststättengesetzes vom 28. April 1930 (Reichsgesetzbl. I S. 146) wird für den Reichsgau Danzig-Westpreußen folgendes verordnet:

I. 1. Die Zuständigkeit für den Vollzug der Bestimmungen des Gaststättengesetzes regelt sich nach § 3 Abs. 1 der Verordnung zur Einführung des Gaststättengesetzes vom 15. Januar 1942 (Reichsgesetzbl. I S. 33).

2. Die in § 14 Abs. 1 und 2 des Gaststättengesetzes der obersten Landesbehörde vorbehaltene Zuständigkeit wird auf die Regierungspräsidenten übertragen. Sie können die Ortspolizeibehörden zur Zulassung von Ausnahmen von der festgesetzten Polizeistunde aus besonderem Anlaß, die Kreispolizeibehörden zur Zulassung von Ausnahmen in sonstigen Fällen ermächtigen.

II. 1. In den Fällen des § 5 Abs. 2, des § 17 Abs. 1 Satz 2 und des § 22 Abs. 2 Satz 4 des Gaststättengesetzes entscheidet die zuständige Behörde unter Ausschluß jedes Rechtsmittels endgültig. Im übrigen ist gegen die Entscheidungen der Orts- und Kreispolizeibehörden innerhalb einer Frist von zwei Wochen nach Zustellung die Beschwerde an die nächst höhere Polizeibehörde zulässig.

2. Vor Erteilung der Erlaubnis zum Betrieb einer Schankwirtschaft ist in allen Fällen die Unterabteilung Gaststätten- und Beherbergungsgewerbe der zuständigen Wirtschaftskammer oder deren örtlich zuständige Untergliederung (Bezirks- oder Kreisgruppe) und die DAF., Fachamt Fremdenverkehr, oder deren Bezirks- oder Kreisstelle zu hören. Diese sowie die übrigen gemäß § 19 des Gaststättengesetzes anzuhörenden Stellen sind im Genehmigungsverfahren nur dann als Partei anzusehen, wenn sie ein ihnen zustehendes Rechtsmittel einlegen.

3. In den Bescheiden, durch die die Erlaubnis zum Betrieb der Gastwirtschaft, der Schankwirtschaft oder des Kleinhandels mit Branntwein erteilt wird, sind die Betriebsart, die zugelassenen Räume, die dem Betriebsinhaber etwa gemachten Auflagen und bei Gast- oder Schankwirtschaft die Arten der zugelassenen Getränke genau zu bezeichnen.

4. Die Bescheide nach Abschnitt I Nr. 1 sind schriftlich zu erteilen und mit Gründen zu versehen; sie müssen eine Rechtsmittelbelehrung enthalten.

III. Hinsichtlich der Zulassung, des Verhaltens und der Art der Entlohnung der in Gast- oder Schankwirtschaften beschäftigten weiblichen Arbeitnehmer wird folgendes bestimmt:

1. Der Inhaber einer Gast- oder Schankwirtschaft, oder dessen Stellvertreter, falls das Gewerbe durch einen solchen ausgeübt wird, hat, sofern er beabsichtigt, daß ein unmittelbarer Verkehr mit den Gästen stattfindet (z. B. Kellnerin, Zimmermädchen, Garderobefrauen, Eintänzerinnen, Bardamen), diese Absicht wenigstens 24 Stunden vor der Einstellung von weiblichen Arbeitnehmern der Ortspolizeibehörde anzuzeigen.

2. Die Ortspolizeibehörde kann die Beschäftigung von weiblichen Arbeitnehmern in Gast- oder Schankwirtschaften in der unter Ziffer 1 angedeuteten Art untersagen, wenn diese Beschäftigung die Gesundheit der weiblichen Arbeitnehmer oder die Aufrechterhaltung der guten Sitten gefährdet.

Die Untersagung muß erfolgen:

a) wenn die Persönlichkeit des Erlaubnisinhabers, seines Stellvertreters und der im § 17 Abs. 1 Satz 1 des Gaststättengesetzes erwähnten Personen keine hinreichende Gewähr für einen genügenden Schutz der weiblichen Arbeitnehmer gegen sittliche oder gesundheitliche Gefahren bietet;

b) wenn die dem Betriebe der Gast- oder Schankwirtschaft dienenden Räume nach ihrer Anlage eine Gefährdung der weiblichen Arbeitnehmer in sittlicher oder gesundheitlicher Hinsicht wahrscheinlich machen, insbesondere, wenn die dem Schankbetriebe dienenden Räume schwer zugänglich oder mit Einrichtungen versehen sind, wodurch Räume oder Sitzgelegenheiten dem freien Blicke entzogen werden;

c) wenn Tatsachen die Annahme rechtfertigen, daß die Beschäftigung von weiblichen Arbeitnehmern hauptsächlich erfolgen soll, um Gäste anzulocken und durch Animierbetrieb den Umsatz zu steigern.

3. Der Betriebsinhaber oder dessen Stellvertreter, falls das Gewerbe durch einen solchen ausgeübt wird, hat der Ortspolizeibehörde jede Einstellung und Entlassung von weiblichen Arbeitnehmern, die gemäß Ziffer 1 beschäftigt werden, binnen 24 Stunden anzuzeigen. Bei der Anzeige einer Einstellung soll der Dienstvertrag beigefügt werden, sofern nicht ein Tarifvertrag Anwendung findet.

4. Die Beschäftigung von weiblichen Arbeitnehmern unter 18 Jahren in der in Ziffer 1 gezeichneten Art ist nur mit Genehmigung der Ortspolizeibehörde zulässig.

5. Wenn ein weiblicher Arbeitnehmer bei Ausübung seines Berufs die guten Sitten oder den Anstand gröblich verletzt, so kann die Ortspolizeibehörde dem Betriebsinhaber oder dessen Stellvertreter, falls das Gewerbe durch einen solchen ausgeübt wird, die Beschäftigung eines derartigen Arbeitnehmers in der unter Ziffer 1 genannten Art untersagen.

6. Die Untersagung der Beschäftigung in den Fällen der Ziffern 2 und 5 und die Versagung der Genehmigung im Falle der Ziffer 4 gilt als polizeiliche Verfügung.

7. Der Betriebsinhaber oder dessen Stellvertreter, falls das Gewerbe durch einen solchen ausgeübt wird, hat ein fortlaufendes Verzeichnis der gemäß Ziffer 1 beschäftigten weiblichen Arbeitnehmer zu führen, in seinem Betrieb aufzubewahren und den zuständigen Polizei- oder Gewerbeaufsichtsbeamten auf Verlangen jederzeit vorzulegen.

8. Die durch Ziffer 3 vorgeschriebene Anzeige und das durch Ziffer 7 vorgeschriebene Verzeichnis hat folgende Angaben zu enthalten:

a) Vor- und Zunamen der weiblichen Arbeitnehmer;
b) Art der Beschäftigung der weiblichen Arbeitnehmer;
c) Geburtstag der weiblichen Arbeitnehmer;
d) Geburtsort der weiblichen Arbeitnehmer;
e) Wohnung (Straße und Hausnummer) der weiblichen Arbeitnehmer;
f) Tag der Einstellung der weiblichen Arbeitnehmer;
g) evtl. Tag der Entlassung der weiblichen Arbeitnehmer;
h) Höhe des vereinbarten Lohnes der weiblichen Arbeitnehmer.

9. Die Beschäftigung von weiblichen Arbeitnehmern, soweit sie sich im geordneten Lehrverhältnis nicht im Konditoreigewerbe befinden, gemäß Ziffer 1 ist nur gegen festen und ausreichenden Barlohn zulässig.

Tariflöhne gelten als ausreichend. Auf den Lohn dürfen die Kosten der Verpflegung und gegebenenfalls auch der Wohnung in ortsüblicher Weise angerechnet werden. Sonstige Abzüge sind verboten, es sei denn, daß sie gesetzlich ausdrücklich zugelassen sind. Ebenso ist jede Beteiligung am Umsatz oder Gewinne verboten, soweit nicht Abweichungen auf Grund von Tarifverträgen zulässig sind.

10. Auf das Vorhandensein weiblicher Bedienung darf nicht durch öffentliche Ankündigung oder Zeichen an den Wirtshäusern hingewiesen werden.

11. Den weiblichen Arbeitnehmern ist verboten:

a) durch auffälliges oder ungeziemendes Benehmen Gäste anzulocken;

b) von Gästen für sich oder für andere Personen Speisen oder Getränke zu erbitten oder anzunehmen oder die Gäste zum Trinken anzureizen.

12. Die Ehefrau des Betriebsinhabers oder seines Stellvertreters ist als weiblicher Arbeitnehmer im Sinne dieser Bestimmung nicht anzusehen.

Die Vorschriften der Ziffern 3, 4, 7 und 9 finden keine Anwendung auf die weiblichen Arbeitnehmer, die mit dem Betriebsinhaber oder dessen Stellvertreter in auf- oder absteigender Linie verwandt oder verschwägert sind.

13. Die Ortspolizeibehörden werden ermächtigt, im Einvernehmen mit dem Gewerbeaufsichtsbeamten nach Anhörung der örtlichen oder bezirklichen Berufsvertretung der Arbeitgeber und Arbeitnehmer der beteiligten Gewerbe unter Vorbehalt des jederzeitigen Widerrufs von den Vorschriften der Ziffern 3 und 7 Ausnahmen zuzulassen. Der Widerruf der Ausnahme gilt als polizeiliche Verfügung.

14. Inhaber von Gast- oder Schankwirtschaften oder deren Stellvertreter, die den Vorschriften der Ziffern 1, 3, 4, 7, 8, 9 oder 10 zuwiderhandeln oder weibliche Arbeitnehmer trotz eines durch die Ortspolizeibehörde auf Grund der Ziffer 2 oder 5 rechtskräftig erlassenen Verbots weiter beschäftigen, und weibliche Arbeitnehmer, die dem Verbote nach Ziffer 11 zuwiderhandeln, werden gemäß § 29 Ziffer 5 des Gaststättengesetzes mit Haft und mit Geldstrafe bis zu 150,— RM. oder mit einer dieser Strafen bestraft.

IV. Die Vorschriften des § 24 Abs. 1 des Gaststättengesetzes finden auf die Realgewerbeberechtigungen Anwendung, sofern die Erlaubnis auf Grund einer Realgewerbeberechtigung für ein Grundstück nachgesucht wird, auf welchem die Erlaubnis auf Grund dieser Realgewerbeberechtigung bisher nicht ausgeübt wurde.

V. Bis zum 1. April 1945 dürfen Erlaubnisse

a) für neu zu errichtende Gast- oder Schankwirtschaften,

b) zur Ausdehnung der Schankerlaubnis auf bisher nicht zugelassene Arten von Getränken,

c) zur Ausdehnung der Schankerlaubnis auf bisher nicht zugelassene Räume nur mit Genehmigung des zuständigen Regierungspräsidenten erteilt werden.

VI. Diese Verordnung tritt mit dem 1. April 1942 in Kraft. Mit dem gleichen Zeitpunkt treten die im Gebiet der früheren Freien Stadt Danzig und in den bisher zum Altreich gehörenden Teilen des Reichsgaues Danzig-Westpreußen geltenden preußischen Durchführungsbestimmungen zum Gaststättengesetz außer Kraft.

3. Abschnitt. Beschlagnahme, kommissarische Verwaltung und Verwertung des polnischen Vermögens.

1. Dritte Anordnung über die Haupttreuhandstelle Ost, betr. Verwertung der ehemals polnischen Vermögensobjekte in den eingegliederten Ostgebieten.

Vom 18. Januar 1942 (DRAnz. Nr. 18/42).

Im Interesse der Kriegsteilnehmer, die infolge ihrer Einberufung zur Wehrmacht ihre privaten Interessen in der Heimat nicht selbst vertreten können, ordne ich für das von der Haupttreuhandstelle Ost in meinem Auftrage in den eingegliederten Ostgebieten beschlagnahmte ehemals polnische Vermögen an:

1. Während des Krieges darf bis auf weiteres die Verwertung von gewerblichen Unternehmen aller Art, insbesondere von Handels-, Handwerks- und Industriebetrieben sowie von städtischen Hausgrundstücken mit sofortiger Wirkung nur noch an nachfolgende Bewerbergruppen erfolgen:

a) Versehrte des gegenwärtigen Krieges, versorgungsberechtigte Kriegsdienstbeschädigte des Weltkrieges, versorgungsberechtigte Kämpfer für die nationale Erhebung sowie versehrte bzw. rentenberechtigte Spanienkämpfer und Freikorpskämpfer.

b) Versorgungsberechtigte Hinterbliebene der Teilnehmer des jetzigen Krieges, des Weltkrieges, der Spanienkämpfe und der Freikorpskämpfe; ferner versorgungsberechtigte Hinterbliebene der Kämpfer für die nationale Erhebung und der ermordeten Volksdeutschen.

Die schnelle Ansetzung der Personen zu a) und b) ist eine besondere Ehrenpflicht.

c) Besonders bewährte Volks- oder Reichsdeutsche (Gruppe I der Bewerber-Rangordnung), die durch Beibringung einer Bescheinigung des Reichskommissars für die Festigung deutschen Volkstums den Nachweis erbringen, daß sie infolge ihrer Zugehörigkeit zum Deutschtum während der Polenzeit erhebliche wirtschaftliche Nachteile erlitten haben.

d) Umsiedler und vertriebene Auslandsdeutsche (Gruppe II der Bewerber-Rangordnung).

Die Ansiedlung dieser Personengruppe ist eine staatspolitische Notwendigkeit und duldet keinen Aufschub.

In allen anderen Fällen ist eine Verwertung unzulässig, soweit nicht die Voraussetzungen nach Ziffer 2 vorliegen.

2. Ausgenommen von der Verwertungssperre nach Ziffer 1 sind Betriebe bzw. Grundstücke, die aus dringenden wehrwirtschaftlichen oder versorgungswirtschaftlichen Gründen bereits während des Krieges verwertet werden müssen.

Im übrigen bleibt die Bewerber-Rangordnung unberührt.

Über die Frage, welche Objekte hiernach verwertet werden dürfen, entscheidet auf Antrag der zuständige Reichsstatthalter bzw. Oberpräsident (Leiter der Treuhandstelle) in den eingegliederten Ostgebieten nach Anhörung einer bei ihm zu errichtenden Prüfungsstelle. Der Prüfungsstelle gehören an: 1 Vertreter des Oberkommandos der Wehrmacht, 1 Vertreter des Reichskommissars für die Festigung deutschen Volkstums und 1 Vertreter der Wirtschaftsabteilung des Reichsstatthalters bzw. Oberpräsidenten als Mitglieder.

3. Die Anordnungen nach Ziffer 1 und 2 gelten nicht für Objekte mit einem höheren Wert (Verkaufspreis) als RM. 100000,—.

4. Kauf- und Überlassungsverträge, die bis zum heutigen Tage den zuständigen Treuhandstellen zur Unterschrift vorgelegt worden sind, fallen nicht unter diese Anordnung.

2. Vierte Anordnung der Haupttreuhandstelle Ost zur Durchführung der Schuldenabwicklungsverordnung vom 15. August 1941 (AO. Nr. 15).

Vom 25. März 1942 (DRAnz. Nr. 72/42).

Auf Grund des § 42 der Schuldenabwicklungsverordnung (SchAbwVO.) vom 15. August 1941 (Reichsgesetzbl. I S. 516) wird angeordnet:

§ 1. (1) Die Zweite und die Dritte Anordnung der Haupttreuhandstelle Ost über die Befriedigung von Forderungen gegen kommissarisch verwaltete Betriebe in den eingegliederten Ostgebieten vom 19. Juni 1940 (AO. Nr. 5, Deutscher Reichsanz. Nr. 141/40)*) und 7. Juni 1941 (AO. Nr. 10, Deutscher Reichsanz. Nr. 133/41)**) werden aufgehoben.

(2) Die Ansprüche derjenigen Gläubiger, deren Forderungen und Rechte nach den Vorschriften der SchAbwVO. bestehenbleiben, sind bei Fälligkeit von den kommissarischen Verwaltern nach Maßgabe der nachfolgenden Vorschriften zu erfüllen.

(3) Komissarische Verwalter sind auch die Gesellschaften, die polnische Vermögensmassen kommissarisch verwalten.

---

*) s. Hauptband S. 182.

**) s. 2. Nachtrag S. 67.

(4) Den kommissarischen Verwaltern stehen diejenigen Stellen gleich, welche die Rechtsstellung kommissarischer Verwalter haben oder ihre Aufgaben wahrnehmen (z. B. Abwickler und Treuhandstellen gemäß § 38 SchAbwVO.).

§ 2. (1) Ansprüche, welche nach den Vorschriften der deutschen Konkursordnung ein Aussonderungsrecht begründen würden, sind zu erfüllen.

(2) Beruht der Anspruch auf einem mit einem Lieferungsvertrage verbundenen Eigentumsvorbehalt, so hat der kommissarische Verwalter nach seiner Wahl entweder den Anspruch auf Herausgabe (gegebenenfalls gegen Rückzahlung geleisteter Anzahlungen) oder den Anspruch auf Bezahlung der Lieferung zu erfüllen. Er hat sich auf Verlangen des Gläubigers binnen angemessener Frist darüber zu erklären, ob er das eine oder das andere tun will.

§ 3. (1) Ansprüche, die nach den Vorschriften der deutschen Konkursordnung ein Absonderungsrecht in Ansehung eines der Verfügung des kommissarischen Verwalters unterliegenden Gegenstandes begründen würden (insbesondere Hypotheken, Grundschulden und durch Pfandrecht gesicherte Ansprüche), sind insoweit zu erfüllen, wie sie durch den Wert des Gegenstandes, auf den sich das Absonderungsrecht bezieht, gedeckt sind; dabei sind vorangehende Rechte, die nach den Vorschriften der SchAbwVO. erlöschen, in Rechnung zu stellen. Entstehen Zweifel über den Wert des Gegenstandes, so entscheidet die zuständige Treuhandstelle nach Einholung einer Äußerung der zuständigen unteren Verwaltungsbehörde (Kreisbehörde).

(2) Wird ein Gläubiger, dem eine Hypothek oder Grundschuld zusteht, gemäß Absatz 1 nur teilweise befriedigt, so wird die Hypothek oder Grundschuld insoweit Eigentümerhypothek oder Eigentümergrundschuld mit dem Rang vor dem Rest. Der Gläubiger kann Befriedigung für den Rest erst bei der Verwertung des Grundstückes verlangen; § 19 Abs. 3 SchAbwVO. bleibt unberührt.

(3) Bei Ansprüchen, die durch Pfandrecht gesichert sind, kann der kommissarische Verwalter dem Gläubiger das Pfand zur Verwertung im Wege der öffentlichen Versteigerung überlassen.

(4) Fehlen dem kommissarischen Verwalter die flüssigen Mittel zur Erfüllung, so sind sie von der zuständigen Treuhandstelle aus Treuhandmitteln vorschußweise zur Verfügung zu stellen. Die Rechte des Gläubigers gehen insoweit auf die Treuhandstelle über.

§ 4. (1) Ansprüche, die aus Rechtsgeschäften und Handlungen des kommissarischen Verwalters entstanden sind, sind zu erfüllen und öffentlich-rechtliche Abgaben und Auslagen, die nach dem militärischen Einmarsch fällig geworden sind, sind zu begleichen.

(2) Dies gilt auch für Ansprüche aus gegenseitigen Verträgen, die vor Anordnung der kommissarischen Verwaltung abgeschlossen sind, soweit die Gegenleistung an den kommissarischen Verwalter erfolgt ist oder nach

Anordnung der kommissarischen Verwaltung erfolgen muß (z. B. Mietzinsforderungen für die Zeit der kommissarischen Verwaltung, Forderungen aus Lieferungsverträgen, wenn die Gegenleistung an den kommissarischen Verwalter erfolgt ist).

§ 5. Bei allen anderen Ansprüchen ist gemäß §§ 6 bis 12 zu verfahren.

§ 6. (1) Der kommissarische Verwalter hat einen Abwicklungsstatus zum 1. Januar 1942 aufzustellen und hierbei die Bilanz zum 31. Dezember 1941 zugrunde zu legen, wenn eine solche aufzustellen ist. Dabei sind folgende Bewertungsgrundsätze zu beachten:

1. Vermögenswerte, die im feindlichen Ausland belegen sind, sind mit 0 anzusetzen. Als feindliches Ausland im Sinne dieser Anordnung sind zur Zeit zu betrachten:

    Vereinigtes Königreich von Großbritannien und Nordirland mit den überseeischen Besitzungen, Kolonien, Protektoraten und Mandatsgebieten sowie die Dominions Kanada, Australischer Bund, Neuseeland und Südafrikanische Union mit ihren Mandatsgebieten,

    UdSSR.,

    Ägypten,

    Sudan,

    Irak,

    Monaco,

    dagegen nicht Frankreich und seine überseeischen Besitzungen. Das gleiche gilt für Vermögenswerte in den neu besetzten Ostgebieten und im Distrikt Galizien.

2. Forderungen gegen Polen und polnische Unternehmen (insbesondere also die Forderungen gegen kommissarisch verwaltete Unternehmen, die nach der SchAbwVO. erlöschen) sind nach dem Stande des Schuldnervermögens zu bewerten.

    Können Feststellungen über den Stand des Schuldnervermögens nicht getroffen werden, so sind

    a) wenn das Schuldnervermögen im Deutschen Reich liegt, 75%,

    b) wenn das Schuldnervermögen im Generalgouvernement (mit Ausnahme des Distrikts Galizien) liegt, . . 50%

    des Nennwertes anzusetzen. Richtet sich die Forderung gegen einen durchschnittenen Betrieb (vgl. § 14), so gilt der Satz von 75%.

    Pfandbriefe und Kommunalobligationen polnischer Kreditinstitute sind mit 75% des Nennwertes anzusetzen.

3. Grundstücke und bewegliche Sachen, die im Generalgouvernement belegen sind, sind mit ihrem Zeitwert anzusetzen. Im Zweifel hat der kommissarische Verwalter bei der Regierung des Generalgouvernements, Hauptabteilung Wirtschaft, Abteilung Treuhandverwaltung, Krakau, Bergakademie, Auskunft einzuholen.

4. Anteilsrechte an einem polnischen Unternehmen (z. B. GmbH.-Anteile, Aktien) sind nach der Vermögenslage des Unternehmens zu bewerten. Der kommissarische Verwalter hat hierbei die Entscheidung der ihm vorgesetzten Treuhandstelle herbeizuführen, die sich, wenn nötig, mit der für das polnische Unternehmen zuständigen Treuhandstelle oder der Regierung des Generalgouvernements, Hauptabteilung Wirtschaft, Abteilung Treuhandverwaltung, Krakau, Bergakademie, in Verbindung setzt.
5. Forderungen gegen den ehemaligen polnischen Staat (z. B. Anleihen, Forderungen aus Lieferungen und Leistungen) und gegen Gemeinden und Gemeindeverbände in den eingegliederten Ostgebieten sind mit 75%, Forderungen gegen Gemeinden und Gemeindeverbände im Generalgouvernement mit 50% des Nennbetrages anzusetzen.
6. Im übrigen gelten die Bewertungsgrundsätze der Richtlinien der Haupttreuhandstelle Ost für die Erstellung der Reichsmarkeröffnungsbilanz vom 5. April 1941.

Die Belegenheit einer Forderung richtet sich nach dem Wohnsitz oder der gewerblichen Niederlassung des Schuldners am 1. September 1939.

Verbindlichkeiten gegenüber Gläubigern, die am 1. September 1939 ihren Wohnsitz oder ihre gewerbliche Niederlassung im Gebiet der UdSSR., in den neu besetzten Ostgebieten oder im Distrikt Galizien hatten, sind mit 0 anzusetzen. Alle anderen Verbindlichkeiten sind mit dem Nennwert anzusetzen.

(2) Stimmt das Wirtschaftsjahr mit dem Kalenderjahr nicht überein, so kann der kommissarische Verwalter die Jahresbilanz zugrunde legen, die dem 1. Januar 1942 am nächsten liegt, und wenn das Wirtschaftsjahr am 30. Juni endet, die Bilanz zum 30. Juni 1941. Der Abwicklungsstatus ist für den auf den Bilanzstichtag folgenden Tag aufzustellen.

(3) Ist das Buchwerk unvollständig, so hat der kommissarische Verwalter die Aufstellung des Abwicklungsstatus bis zur Auswertung des Gläubiger- und Schuldneraufrufs zurückzustellen.

§ 7. Hat sich der Wert der beschlagnahmten Vermögensmasse während der Dauer der kommissarischen Verwaltung infolge der durch die Eingliederung der Ostgebiete herbeigeführten wirtschaftlichen Entwicklung erhöht, so kann die Haupttreuhandstelle Ost anordnen, daß in dem Abwicklungsstatus ein der Wertsteigerung entsprechender Betrag von der Aktivmasse abgezogen wird.

§ 8. In dem Abwicklungsstatus sind die Ansprüche derjenigen Gläubiger, die nach §§ 2—4 ein Recht auf bevorzugte Befriedigung haben oder ein solches Recht haben würden, wenn ihre Forderungen und Rechte nicht zum Erlöschen kämen, und die noch nicht beglichenen Kosten der kommissarischen Verwaltung getrennt aufzuführen. Die Aktivmasse, die nach Abzug der zur Deckung dieser Posten erforderlichen Mittel verbleibt, bildet die Verteilungsmasse.

§ 9. Ergibt sich aus dem Abwicklungsstatus, daß die Verteilungsmasse zur vollen Befriedigung aller nicht bevorzugten Gläubiger einschließlich derjenigen, deren Forderungen nach der SchAbwVO. erlöschen, ausreichen würde, so hat der kommissarische Verwalter den Abwicklungsstatus der zuständigen Treuhandstelle vorzulegen und die Ermächtigung zu beantragen, die Ansprüche der Gläubiger, deren Forderungen nach der SchAbwVO. bestehenbleiben, zu erfüllen.

(2) Ergibt sich, daß die Verteilungsmasse nicht ausreichen würde, so hat der kommissarische Verwalter einen Verteilungsplan aufzustellen (§ 19 SchAbwVO.) und diesen zusammen mit dem Abwicklungsstatus der Treuhandstelle zur Bestätigung vorzulegen. Die Treuhandstelle kann den kommissarischen Verwalter ermächtigen, schon vor der Bestätigung des Verteilungsplans Abschlagzahlungen vorzunehmen.

(3) Stehen dem kommissarischen Verwalter die flüssigen Mittel für eine sofortige Befriedigung der Gläubiger gemäß Abs. 1 oder 2 nicht zur Verfügung, so hat er einen Abzahlungsplan (§ 14 SchAbwVO.) aufzustellen und der Treuhandstelle zur Bestätigung vorzulegen.

(4) Guthaben des kommissarischen Verwalters bei der Treuhandstelle und Restkaufgeldforderungen gegen den Erwerber einer verwerteten Vermögensmasse gelten als flüssige Mittel; Restkaufgeldforderungen sind von der Treuhandstelle, wenn nötig, zu bevorschussen.

§ 10. (1) Ist dem kommissarischen Verwalter bekannt, daß der polnische Schuldner außer dem verwalteten Vermögen noch sonstiges Vermögen besitzt, so hat er die zuständige Treuhandstelle bei der Vorlegung des Abwicklungsstatus darauf hinzuweisen.

(2) Stellt die Treuhandstelle fest, daß sonstiges Vermögen des polnischen Schuldners von anderen Stellen kommissarisch verwaltet wird, so hat sie sich mit den übrigen Stellen in Verbindung zu setzen, wenn anzunehmen ist, daß eine gemeinsame Abwicklung aller Vermögensteile die an die Gläubiger auszuzahlende Quote beeinflussen würde. Ergibt sich die Zweckmäßigkeit einer gemeinsamen Abwicklung, so ist diejenige Treuhandstelle, bei welcher das wirtschaftliche Schwergewicht des beschlagnahmten Gesamtvermögens liegt, für die Durchführung der Abwicklung zuständig. Sie hat insbesondere dafür zu sorgen, daß ein gemeinsamer Abwicklungsstatus und gegebenenfalls ein gemeinsamer Verteilungs- und Abzahlungsplan aufgestellt werden.

(3) Bestehen Zweifel darüber, welche Treuhandstelle für die Durchführung der gemeinsamen Abwicklung nach Abs. 2 zuständig ist, so entscheidet die Haupttreuhandstelle Ost.

§ 11. Der Gläubiger kann Befriedigung erst verlangen, wenn die zuständige Treuhandstelle die Ermächtigung gemäß § 9 Abs. 1 oder Abs. 2 erteilt hat oder der Verteilungsplan gemäß § 9 Abs. 2 rechtskräftig bestätigt ist und — sofern ein Abzahlungsplan aufzustellen ist — auch der Abzahlungsplan bestätigt ist. Der kommissarische Verwalter hat jedoch dem Gläubiger auf sein Verlangen zu erklären, ob und inwieweit er die Forderung als solche (unbeschadet der Volks- und Staatszugehörigkeit des Gläubigers) anerkennt. Will er die Forderung bestreiten, so hat er dies dem Gläubiger in der im § 19 Abs. 10 SchAbwVO. vorgeschriebenen Form mitzuteilen; es bleibt dem Gläubiger überlassen, die Feststellung seiner Forderung durch Feststellungsklage binnen drei Monaten zu betreiben.

§ 12. (1) Wenn die zuständige Treuhandstelle anordnet, daß die Abwicklung gemäß § 24 SchAbwVO. erfolgen soll, so hat der kommissarische Verwalter in den Abwicklungsstatus die im § 24 Abs. 1 SchAbwVO. bezeichneten Forderungen und Rechte und Verbindlichkeiten sowie Werte, die im Generalgouvernement liegen, nicht aufzunehmen. Die Aufstellung des Abwicklungsstatus erfolgt erst nach Auswertung des Gläubiger- und Schuldneraufrufs.

(2) Im übrigen gelten die Vorschriften dieser Anordnung.

§ 13. (1) Ansprüche von Ausländern sind mit folgenden Maßgaben zu erfüllen:

1. Ansprüche von Ausländern, die Angehörige eines nicht feindlichen Staates sind und ihren Wohnsitz oder ihre gewerbliche Niederlassung im Deutschen Reich oder im Generalgouvernement haben, sind wie deutsche Ansprüche zu erfüllen (Zahlung an den Ausländer unmittelbar).
2. Ansprüche von Ausländern, die Angehörige eines nicht feindlichen Staates sind und ihren Wohnsitz oder ihre gewerbliche Niederlassung im nicht feindlichen Ausland haben, sind wie deutsche Ansprüche zu erfüllen, wenn der Wert des Anspruchs RM. 1000,— nicht übersteigt (Zahlung an den Ausländer unmittelbar).
3. Alle anderen Ansprüche von Ausländern sind durch Zahlung auf ein bei der Exportkreditbank A.G., Berlin W 8, Kanonierstraße 17-20, geführtes Interimskonto zu begleichen, über das von dem ausländischen Gläubiger nur mit Zustimmung der Haupttreuhandstelle Ost und des Reichswirtschaftsministers verfügt werden darf. Die Einholung einer Devisengenehmigung ist bei solchen Zahlungen nicht erforderlich.

(2) Als feindliche Staaten sind die in § 6 Abs. 1 Ziff. 1 als solche bezeichneten Staaten zu betrachten.

§ 14. (1) Bei durchschnittenen Betrieben (vgl. § 34 SchAbwVO.) sind Auszahlungen an die nicht bevorzugten Gläubiger erst zulässig, nachdem die Haupttreuhandstelle Ost festgestellt hat:

a) welche ausländischen Forderungen und Schulden der in den eingegliederten Ostgebieten gelegenen Vermögensmasse zuzurechnen sind (vgl. § 35 Abs. 3 SchAbwVO.) und

b) ob nach dem das Gesamtvermögen des durchschnittenen Betriebes umfassenden Status (Gesamtstatus) die Gläubiger in voller Höhe oder nur mit einer Quote (Gesamtquote) befriedigt werden können (vgl. § 35 Abs. 4 SchAbwVO.),

und der kommissarische Verwalter eine entsprechende Ermächtigung zur Auszahlung durch die zuständige Treuhandstelle erhalten hat.

(2) Der kommissarische Verwalter hat in den Abwicklungsstatus die Vermögenswerte und die Verbindlichkeiten aufzunehmen, die nach § 35 Abs. 1 und 2 SchAbwVO. der in den eingegliederten Ostgebieten gelegenen Vermögensmasse zuzurechnen sind, und dem Abwicklungsstatus eine Liste der ihm bekannten ausländischen Forderungen und Verbindlichkeiten beizufügen und beides der zuständigen Treuhandstelle in doppelter Ausfertigung einzureichen.

(3) Als durchschnittene Betriebe gelten diejenigen Betriebe, die in die von der Haupttreuhandstelle Ost geführte Liste der durchschnittenen Betriebe eingetragen werden. Steht noch nicht fest, ob ein Betrieb als durchschnittener Betrieb gilt, so hat der kommissarische Verwalter die Entscheidung der Haupttreuhandstelle Ost herbeizuführen.

§ 15. (1) Wird ein Unternehmen nicht in die Liste der durchschnittenen Betriebe aufgenommen, insbesondere weil auf der einen oder anderen Seite nur Betriebsstätten liegen, deren wirtschaftliche Bedeutung im Verhältnis zu der Größe des Gesamtbetriebes gering ist, so erfolgt die Befriedigung der Gläubiger dort, wo die Hauptmasse des Vermögens liegt.

(2) Liegt die Hauptmasse des Vermögens in den eingegliederten Ostgebieten, so hat der kommissarische Verwalter die Gläubiger nach den Vorschriften dieser Anordnung zu befriedigen und die im Generalgouvernement gelegenen Vermögenswerte nach § 6 in den Abwicklungsstatus aufzunehmen. Von der Befriedigung sind diejenigen Gläubiger ausgeschlossen, deren Forderungen in wirtschaftlichem Zusammenhang mit den im Generalgouvernement gelegenen Vermögensstücken stehen; sie können Befriedigung nur im Generalgouvernement beanspruchen.

(3) Liegt die Hauptmasse des Vermögens im Generalgouvernement, so sind nur diejenigen Gläubiger aus den in den eingegliederten Ostgebieten gelegenen Vermögensstücken nach den Vorschriften dieser Anordnung zu befriedigen, deren Forderungen in wirtschaftlichem Zusammenhang mit diesen Vermögensstücken stehen.

(4) Ein wirtschaftlicher Zusammenhang mit Vermögensstücken im Sinne der Absätze 2 und 3 ist immer anzunehmen, wenn die Forderungen durch solche Vermögensstücke dinglich gesichert sind.

§ 16. § 15 findet entsprechende Anwendung auf sonstige Vermögensmassen, die zum Teil im Deutschen Reich, zum Teil im Generalgouvernement liegen.

§ 17. Mit dem Hauptanspruch sind die Zinsen nach den Vorschriften des § 13 SchAbwVO. zu bezahlen.

§ 18. Bei allen Forderungen gegenüber kommissarisch verwalteten Vermögensmassen und allen Forderungen, die zu einer kommissarisch verwalteten Vermögensmasse gehören, ist die Verjährung, die am 1. September 1939 noch nicht vollendet war, bis zur Beendigung des Abwicklungsverfahrens gehemmt.

§ 19. Auf die Aufrechnung der Forderungen und Schulden gegenüber kommissarisch verwalteten Vermögensmassen finden die Vorschriften des § 55 Abs. 1 Ziff. 1 und 2 und Abs. 2 der deutschen Konkursordnung entsprechende Anwendung mit der Maßgabe, daß als Zeitpunkt der Eröffnung des Verfahrens der 1. September 1939 gilt.

§ 20. Ansprüche, die aus Rechtsgeschäften und Handlungen des Eigentümers der beschlagnahmten Vermögensmasse entstanden sind, werden nicht erfüllt, wenn die Rechtsgeschäfte und Handlungen nach der Beschlagnahme vorgenommen sind; § 4 Abs. 2 PolVermVO. vom 17. September 1940 (Reichsgesetzbl. I S. 1270)[1]) bleibt unberührt. Das gleiche gilt für wiederkehrende, nach der Beschlagnahme fällig werdende Ansprüche (z. B. Unterhaltsansprüche), deren Entstehungsgrund vor der Beschlagnahme liegt, wenn der Schuldner selbst zur Erfüllung imstande ist.

§ 21. (1) Besteht kein Zweifel, daß der Gläubiger zu denjenigen Personen gehört, deren Forderungen nach der SchAbwVO. bestehenbleiben (z. B. bekannte deutsche Unternehmen, öffentlich-rechtliche Körperschaften im Altreich), so kann die nach den Bestimmungen dieser Anordnung vorgeschriebene Befriedigung des Gläubigers ohne besonderen Ausweis erfolgen.

(2) Bestehen Zweifel, so hat sich der Gläubiger wie folgt auszuweisen:

1. Deutsche Staats- und Volkszugehörige: durch Staatsangehörigkeitsausweis, Reisepaß, Kennkarte des Deutschen Reiches, Ausweis der Deutschen Volksliste Abt. 1—3 (auch „Vorbescheid“ oder „Vorläufiger Ausweis“, laut welchem die Aufnahme in die Deutsche Volksliste erfolgt ist) oder Einbürgerungsurkunde,
2. Deutsche Volkszugehörige im Generalgouvernement: durch Bescheinigung des zuständigen Kreis- oder Stadthauptmanns,
3. Protektoratsangehörige: durch Bescheinigung der zuständigen Landes- oder Bezirksbehörde des Protektorats,
4. Ausländische Staatsangehörige: durch Bescheinigung der zuständigen Behörde des ausländischen Staates (Heimatbehörde oder im Deutschen Reich zugelassene Vertretung).

---

[1]) vgl. 1. Nachtrag S. 32.

§ 22. (1) § 1 SchAbwVO. findet keine Anwendung auf Forderungen und Rechte derjenigen Angehörigen des ehemaligen polnischen Staates, die nichtpolnischer und nichtdeutscher (z. B. litauischer, tschechischer, großrussischer, weißruthenischer, weißrussischer, ukrainischer, kaukasischer, georgischer) Volkszugehörigkeit sind, ihren Wohnsitz oder ihre gewerbliche Niederlassung im Deutschen Reich haben und außerdem

a) eine Bescheinigung des zuständigen Landrats oder Oberbürgermeisters über ihre nichtpolnische Volkszugehörigkeit (vgl. Runderlaß des Reichsministers des Innern vom 14. November 1940, MBliV. S. 2111, und Ergänzungserlaß des Reichsministers des Innern vom 21. Mai 1941, MBliV. S. 969) und

b) eine Bescheinigung des zuständigen SD-Leitabschnittes darüber, daß sie sich nicht aktiv deutschfeindlich betätigt haben, besitzen.

(2) Eine Erfüllung von Forderungen und Rechten solcher Personen ist nur gegen Vorlegung der in Abs. 1 genannten Bescheinigungen zulässig; soweit diese Personen bereits die deutsche Staatsangehörigkeit erworben haben, gilt § 21 Abs. 2 Ziff. 1.

§ 23. (1) Juristische Personen des Privatrechts, Gesellschaften und andere Personenvereinigungen, bei denen das Fortbestehen ihrer Ansprüche davon abhängig ist, daß am 1. September 1939 die Mehrheit der Anteile nicht Personen gehörte, deren Vermögen der Beschlagnahme unterliegt, und die Verwaltung nicht von solchen Personen maßgebend beeinflußt war (vgl. § 10 PolVermVO. vom 17. September 1940, Reichsgesetzbl. I S. 1270), können den nach § 21 Abs. 2 erforderlichen Nachweis durch entsprechende Bescheinigung des zuständigen Genossenschaftsverbandes und Vereine durch entsprechende Bescheinigung der zuständigen Polizeibehörde führen.

(2) Wenn das Vermögen der in Abs. 1 genannten Gläubiger nur deshalb der Beschlagnahme und kommissarischen Verwaltung unterlag, weil die Verwaltung am 1. September 1939 von Personen, deren Vermögen der Beschlagnahme unterliegt, maßgebend beeinflußt war, und nach Beseitigung des polnischen Einflusses von einer kommissarischen Verwaltung abgesehen oder eine angeordnete kommissarische Verwaltung ohne vorherige Verwertung des Vermögens wieder aufgehoben worden ist, so findet § 1 SchAbwVO. auf die Forderungen und Rechte solcher Gläubiger keine Anwendung. Der nach § 21 Abs. 2 erforderliche Nachweis kann durch entsprechende Bescheinigung der zuständigen Treuhandstelle oder der in Abs. 1 bezeichneten Stellen geführt werden.

§ 24. Hängt das Fortbestehen eines Anspruchs davon ab, daß Forderungen und Rechte des Gläubigers vor der Beschlagnahme entstanden sind (vgl. § 20) oder daß der Gläubiger Forderungen und Rechte vor dem 1. September 1939 erworben hat oder nach dem 1. September 1939 aus der Hand einer Person erworben hat, deren Vermögen nicht der

Beschlagnahme unterliegt (vgl. § 4 SchAbwVO.), so trifft die Beweislast den Gläubiger.

§ 25. Die Auszahlung an die Gläubiger kommissarisch verwalteter Kreditinstitute ist durch besondere Anweisungen an die kommissarischen Verwalter der Kreditinstitute geregelt. Die Gläubiger können Befriedigung nur nach Maßgabe dieser Anweisungen verlangen. Die §§ 2—4, 18, 19 und 24 gelten aber auch für Kreditinstitute.

§ 26. Auf kommissarisch verwaltete Versicherungsunternehmen findet diese Anordnung keine Anwendung (vgl. § 5 Abs. 1 der Verordnung vom 5. Dezember 1941, Reichsgesetzbl. I S. 761).

§ 27. Bei Unternehmen, die durch den kommissarischen Verwalter fortgeführt werden und Gewinne abwerfen, ist eine Ausschüttung laufender Gewinne an die Beteiligten mit vorheriger Zustimmung der zuständigen Treuhandstelle zulässig, wenn hierdurch die Befriedigung der Gläubiger nach den Vorschriften der SchAbwVO. nicht beeinträchtigt wird.

§ 28. (1) Für die Gebühren und Auslagen im Verfahren vor den Gerichten gelten die Vorschriften der Kostenordnung vom 25. November 1935 (Reichsgesetzbl. I S. 1371).

(2) Das Einspruchsverfahren nach §§ 20 bis 22, § 29 Abs. 4 und § 36 sowie das Verfahren über den Antrag auf gerichtliche Entscheidung nach § 41 Abs. 2 SchAbwVO. sind bei der Kostenerhebung wie Beschwerdeverfahren zu behandeln.

(3) Der Geschäftswert ist in allen Fällen — auch im Beschwerdeverfahren — nach freiem Ermessen zu bestimmen.

(4) Im übrigen ist die gerichtliche Tätigkeit zur Durchführung der Schuldenabwicklung, insbesondere das Aufgebotsverfahren nach § 32 Abs. 2 und 3 und § 40 SchAbwVO. frei von Gebühren und Auslagen.

§ 29. Diese Anordnung tritt mit ihrer Verkündung in Kraft.

3. Allgemeiner Erlaß der Haupttreuhandstelle Ost, Berlin, betr. Genehmigung von Verfügungen beschlagnahmter Kreditinstitute über Rechte an Grundstücken (A 311 176).

Vom 31. März 1942 (DRAnz. Nr. 81/42).

Auf Grund § 15 der Verordnung über die Behandlung von Vermögen der Angehörigen des ehemaligen polnischen Staates vom 17. September 1940 (Reichsgesetzbl. I S. 1270) genehmige ich hiermit allgemein, daß die kommissarischen Verwalter und Abwickler von Kreditinstituten über Rechte an Grundstücken (z. B. Hypotheken, Grundschulden, Rentenschulden) verfügen. Einer Einzelgenehmigung bedarf es nicht mehr.

4. Erste Verordnung zur Durchführung der Verordnung über die Behandlung von Vermögen der Angehörigen des ehemaligen polnischen Staates.

Vom 15. Mai 1942 (RGBl. I S. 331).

Auf Grund des § 23 Abs. 1 der Verordnung vom 17. September 1940 über die Behandlung von Vermögen der Angehörigen des ehemaligen Staates (Reichsgesetzbl. I S. 1270) verordne ich:

Teil I

Verwaltung des beschlagnahmten Vermögens.

§ 1. Die Haupttreuhandstelle Ost kann beschlagnahmtes Vermögen selbst verwalten. Als beschlagnahmtes Vermögen gelten auch Forderungen und Erlöse aus Rechtsübertragungen sowie die Erträge dieses Vermögens.

§ 2. Macht die Haupttreuhandstelle Ost von der Befugnis des § 1 Gebrauch, so hat sie bei der Verwaltung des beschlagnahmten Vermögens die Sorgfalt eines ordentlichen Verwalters anzuwenden. Dabei sind die Vorschriften der §§ 3 bis 8 zu beachten.

§ 3. (1) Auf die Verwaltung des beschlagnahmten Vermögens findet die Reichshaushaltsordnung entsprechende Anwendung, soweit nicht in dieser Verordnung besondere Vorschriften erlassen worden sind. Die der Haupttreuhandstelle Ost durch § 2 der Anordnung des Beauftragten für den Vierjahresplan vom 12. Juni 1940 (Deutscher Reichsanz. u. Preuß. Staatsanz. Nr. 139) eingeräumte Befugnis, endgültige Rechtsübertragungen nach Richtlinien des Beauftragten für den Vierjahresplan vorzunehmen, bleibt unberührt.

(2) Der Reichsminister der Finanzen kann im Einvernehmen mit dem Beauftragten für den Vierjahresplan weitere Abweichungen von den Vorschriften der Reichshaushaltsordnung zulassen.

§ 4. Der Beauftragte für den Vierjahresplan bestimmt im Einvernehmen mit dem Reichsminister der Finanzen die Grundsätze, nach denen die Geldmittel anzulegen sind, die bei der Haupttreuhandstelle Ost und bei anderen Stellen, denen die Haupttreuhandstelle Ost die Verwaltung beschlagnahmten Vermögens überträgt (§ 9), aus der Verwaltung und Verwertung des beschlagnahmten Vermögens anfallen.

§ 5. (1) Für die Buchführung bei der Verwaltung des beschlagnahmten Vermögens sind die Grundsätze der kaufmännischen doppelten Buchführung anzuwenden. Für die Rechnungslegung gelten die §§ 85 und 86 der Reichshaushaltsordnung sinngemäß.

(2) Die Bestimmungen der Haupttreuhandstelle Ost über die Kassen- und Buchführung bedürfen der vorherigen Zustimmung des Reichsministers der Finanzen und des Rechnungshofs des Deutschen Reichs.

§ 6. (1) Für die Rechnungsprüfung findet Abschnitt IV der Reichshaushaltsordnung Anwendung.

(2) Die Bestimmungen der Haupttreuhandstelle Ost über die Vorprüfung bedürfen der vorherigen Zustimmung des Rechnungshofs des Deutschen Reichs.

§ 7. (1) Das von der Haupttreuhandstelle Ost verwaltete beschlagnahmte Vermögen ist zur Deckung der in dem Haushalt des Beauftragten für den Vierjahresplan (Einzelplan XXIII) vorgesehenen Ausgaben der Haupttreuhandstelle Ost heranzuziehen. Die erforderlichen Beträge sind im Einzelplan XXIII als Einnahme einzustellen.

(2) Der Beauftragte für den Vierjahresplan kann im Einvernehmen mit dem Reichsminister der Finanzen bestimmen, ob Ausgaben im Einzelplan XXIII auszubringen oder unmittelbar aus dem von der Haupttreuhandstelle Ost verwalteten beschlagnahmten Vermögen zu bestreiten sind.

(3) Eine Abschrift der jährlichen Bilanz für das beschlagnahmte Vermögen ist der Reichshaushaltsrechnung beizufügen.

§ 8. Die Haupttreuhandstelle Ost kann das von ihr verwaltete beschlagnahmte Vermögen für den Aufbau der eingegliederten Ostgebiete einsetzen, soweit der Beauftragte für den Vierjahresplan im Einvernehmen mit dem Reichsminister der Finanzen hierzu seine Zustimmung erteilt.

§ 9. Überträgt die Haupttreuhandstelle Ost die Verwaltung beschlagnahmten Vermögens anderen Stellen, z. B. Gesellschaften des Privatrechts, so gelten die Vorschriften dieser Verordnung sinngemäß. Die Vorschriften der Verordnung über die Behandlung von Vermögen der Angehörigen des ehemaligen polnischen Staates vom 17. September 1940 (Reichsgesetzbl. I S. 1270) hinsichtlich der Stellung der kommissarischen Verwalter bleiben unberührt.

Teil II.

Eingezogenes Vermögen.

§ 10. Die Vorschriften des Teils I sind für das zugunsten des Reichs eingezogene Vermögen sinngemäß anzuwenden.

§ 11. Der Beauftragte für den Vierjahresplan bestimmt im Einvernehmen mit dem Reichsminister der Finanzen über die Verwendung des zugunsten des Reichs eingezogenen Vermögens, soweit darüber nicht schon nach den §§ 7 und 8 verfügt worden ist.

Teil III.

Ordnungsstrafen.

§ 12. Die auf Grund des § 6 der Verordnung über die Behandlung von Vermögen der Angehörigen des ehemaligen polnischen Staates vom 17. September 1940 festgesetzten Ordnungsstrafen werden nach den für die Vollstreckung von Verwaltungsstrafen geltenden Bestimmungen der Reichsabgabenordnung beigetrieben.

Teil IV.

Inkrafttreten der Verordnung.

§ 13. (1) Diese Verordnung tritt mit der Verkündung in Kraft.

(2) Maßnahmen der zuständigen Stellen, die vor dem Inkrafttreten der Verordnung getroffen sind, sind gültig, soweit sie nicht durch den Beauftragten für den Vierjahresplan im Einvernehmen mit dem Reichsminister der Finanzen aufgehoben werden.

5. Abschnitt. Geld-, Kredit- und Versicherungswesen.

1. Verordnung zur Einführung von preisrechtlichen Vorschriften für die Versicherungswirtschaft in den eingegliederten Ostgebieten

Vom 10. Januar 1942 (RGBl. I S. 22).

Auf Grund der Verordnung über die Preisbildung in den eingegliederten Ostgebieten vom 20. Januar 1940 (Reichsgesetzbl. I S. 210) in der Fassung der Zweiten Verordnung über die Preisbildung in den eingegliederten Ostgebieten vom 24. September 1941 (Reichsgesetzbl. I S. 596) wird mit Zustimmung des Beauftragten für den Vierjahresplan verordnet:

§ 1. In den eingegliederten Ostgebieten gelten die folgenden Vorschriften mit nachstehenden Maßgaben:

a) die Verordnung über die Versicherung von Kraftfahrzeugen vom 14. Februar 1938 (Reichsgesetzbl. I S. 200) mit Ausnahme der §§ 2, 5, 7, 9 bis 11; unter dem im § 1 genannten „Einheitstarif für Kraftfahrzeugversicherungen" ist der „Einheitstarif für Kraftfahrtversicherungen" (Bekanntmachung vom 23. Mai 1941 — Deutscher Reichsanz. u. Preuß. Staatsanz. Nr. 123 vom 29. Mai 1941) zu verstehen; im § 12 ist statt „Verordnung über das Verbot von Preiserhöhungen vom 26. November 1936 (Reichsgesetzbl. I S. 955) zu lesen: „Verordnung über das Verbot von Preiserhöhungen in den eingegliederten Ostgebieten vom 12. Dezember 1940 (Reichsgesetzbl. I S. 1584)";

b) die Anordnung über Versicherungsbeiträge für stillgelegte Kraftfahrzeuge, Anhänger und Beiwagen von Kraftfahrzeugen vom 4. Dezember 1939 (Deutscher Reichsanz. u. Preuß. Staatsanz. Nr. 285 vom 5. Dezember 1939); im § 3 ist statt „(Grundregel 7 des Einheitstarifs für Kraftfahrzeugversicherungen)" zu lesen: „(Grundregel 6 des Einheitstarifs für Kraftfahrversicherungen)";

c) die Anordnung über Begrenzung der Maklerprovision in der Industriefeuerversicherung vom 22. Dezember 1938 (Deutscher Reichsanz. u. Preuß. Staatsanz. Nr. 303 vom 29. Dezember 1938) in der Fassung vom 3 August 1939 (Deutscher Reichsanz. u. Preuß. Staatsanz. Nr. 180 vom 7. August 1939); in Ziffer 9a ist statt „Verordnung über das Verbot von Preiserhöhungen vom 26. November 1936 (Reichsgesetzbl. I S. 955)" zu lesen: „Verordnung über das Verbot von Preiserhöhungen in den eingegliederten Ostgebieten vom 12. Dezember 1940 (Reichsgesetzbl. I S. 1584)".

§ 2. Diese Verordnung tritt mit Wirkung vom 1. Januar 1942 in Kraft.

2. Verordnung zur Regelung der Übernahme von Grundpfandrechten der Posener Landschaft (Poznanski Ziemstwo Kredytowe) durch landschaftliche Kreditanstalten.

Vom 13. Februar 1942 (RGBl. I S. 73).

Auf Grund der Verordnung über landschaftliche Kreditanstalten vom 22. Februar 1940 (Reichsgesetzbl. I S. 417) wird im Einvernehmen mit den beteiligten Reichsministern verordnet:

§ 1. (1) Die Landschaft für das Wartheland kann die der Posener Landschaft zustehenden, nach der Schuldenabwicklungsverordnung vom 15. August 1941 (Reichsgesetzbl. I S. 516) bestehenbleibenden Hypotheken nebst den zugrunde liegenden Forderungen übernehmen, wenn die belasteten Grundstücke in ihrem Geschäftsbereich liegen.

(2) Die Landschaft für das Wartheland kann bei den von ihr übernommenen Forderungen ein etwa entstandenes Tilgungsguthaben von dem ursprünglichen Kapitalbetrag absetzen, die rückständigen Jahresleistungen dem Kapital zuschlagen, die Gesamtforderung auf einen durch einhundert Reichsmark teilbaren Betrag abrunden, den Spitzenbetrag in bar einfordern und für die Gesamtforderung neue Bedingungen festsetzen; soweit sie dabei von ihrer Satzung oder der Beleihungs- und Pfandbriefordnung abweichen will, bedarf sie der Zustimmung des Reichsministers für Ernährung und Landwirtschaft. Der Hypothekenzinssatz hat dem Zinssatz der ausgegebenen Pfandbriefe zu entsprechen.

(3) Die Schuldner der übernommenen Hypothekenforderungen werden Mitglieder der Landschaft für das Wartheland im Sinne der für diese erlassenen Satzung.

(4) Die im Abs. 2 vorgesehenen Änderungen des Forderungsbetrags und der Darlehnsbedingungen erlangen dingliche Wirkung, wenn sie in das Grundbuch eingetragen werden. Die Eintragung erfolgt auf Antrag der Landschaft für das Wartheland, ohne daß es hierzu der Bewilligung

des Grundstückseigentümers, der Posener Landschaft und der gleich- oder nachstehenden Berechtigten bedarf. Bei der Eintragung kann auf den Antrag Bezug genommen werden. Die Eintragungen sind gebührenfrei.

(5) Die Hypothek steht dem Eigentümer nur in Höhe des Betrags zu, um den die sich nach Abs. 2 ergebende Gesamtforderung der Landschaft für das Wartheland hinter dem aus dem Grundbuch ersichtlichen Betrag der Hypothekenforderung zurückbleibt. Das Recht des Eigentümers wird auf Grund der von der Landschaft in ihrem Eintragungsantrag (Abs. 4) zu machenden Angaben von Amts wegen im Grundbuch eingetragen, soweit nicht der Eigentümer in die Löschung einwilligt.

§ 2. (1) Die nach § 1 übernommenen Hypotheken sind zur Deckung von Pfandbriefen der Landschaft für das Wartheland oder der Central-Landschaft für die Preußischen Staaten zu verwenden.

(2) Solange diese Hypotheken noch nicht im Deckungsregister eingetragen sind, kann die Landschaft für das Wartheland an deren Stelle Schuldverschreibungen des Deutschen Reichs zur Deckung der Pfandbriefe verwenden. Die Schuldverschreibungen sind in das Deckungsregister einzutragen.

§ 3. Soweit die der Posener Landschaft zustehenden, nach der Schuldenabwicklungsverordnung bestehenbleibenden Hypotheken im Geschäftsbereich der Schlesischen Landschaft, der Ostpreußischen Landschaft oder der Danzig-Westpreußischen Landschaft liegen, können diese Landschaften die Hypotheken nebst den zugrunde liegenden Forderungen übernehmen. Die Vorschriften des § 1 Abs. 2 bis 5 und § 2 gelten entsprechend.

§ 4. Soweit die von der Posener Landschaft bisher treuhänderisch verwalteten Hypotheken nebst den zugrunde liegenden Forderungen von den Landschaften übernommen werden, in deren Geschäftsbereich das belastete Grundstück liegt, gilt § 1 Abs. 2 bis 5 entsprechend.

Gedruckt bei A. W. Hayn's Erben, Potsdam

FSC
www.fsc.org
MIX
Papier | Fördert gute Waldnutzung
FSC® C083411

Kolibri 360 GmbH
Ferdinand-Jühlke-Straße 7
99095 Erfurt, Deutschland
produktsicherheit@kolibri360.de